Alexandra Lara Weng

Kartenlegen für die Liebe
nach Mlle. Lenormand

Alexandra Lara Weng

Kartenlegen für die Liebe
nach
Mlle. Lenormand

Hinweis:
Die Informationen und Empfehlungen in diesem Buch sind nicht dazu gedacht einen Arzt oder Therapeuten zu ersetzen. Eine Haftung seitens der Autorin oder des Verlags für etwaige Personen-, Sach- und Vermögensschäden ist ausgeschlossen.

Bibliographische Informationen der Deutschen Bibliothek:
Die Deutsche Bibliothek verzeichnet diese Publikation in der Deutschen Nationalbibliographie; detaillierte bibliographische Daten sind im Internet über http://dnb.ddb.de *abrufbar*

ISBN: 978-3-8370-9262-2

© by Alexandra Weng
Herstellung und Verlag: Books on Demand GmbH, Norderstedt
1. Auflage März 2009

Für
Jessica
&
Nino

Inhalt

Vorwort   9
Zur Erklärung dieses Buches   11

Erster Teil

Legesystem für die Liebe   13
Anleitung   15
Hinweis für Anfänger und Fortgeschrittene   16
Mehrdeutigkeit der Lenormandkarten   17
1 Der Reiter   19
2 Der Klee   21
3 Das Schiff   23
4 Das Haus   25
5 Der Baum   29
6 Die Wolken   31
7 Die Schlange   33
8 Der Sarg   35
9 Die Blumen   37
10 Die Sense   39
11 Die Ruten   41
12 Die Vögel   43
13 Das Kind   45
14 Der Fuchs   47
15 Der Bär   49
16 Die Sterne   51
17 Die Störche   53
18 Der Hund   55
19 Der Turm   57
20 Der Park   59
21 Der Berg   61
22 Die Wege   63
23 Die Mäuse   65
24 Das Herz   67
25 Der Ring   79
26 Das Buch   91
27 Der Brief   93
28 Der Herr   95
29 Die Dame   97
30 Die Lilie   99

31 Die Sonne   101
32 Der Mond   103
33 Der Schlüssel   105
34 Die Fische   107
35 Der Anker   109
36 Das Kreuz   111

Zweiter Teil

Hilfe zum großen Blatt   113
Hilfe zu den vielen Personenkarten   113
Treffpunkte/Örtlichkeiten   116
Kleine Hilfe zum Kombinieren der Karten   117
Anleitung zum großen Blatt   119
Wichtige Kombinationen zur Vorsicht   126
Typische Fragen an das große Blatt   131
Beispiel zum großen Blatt für die Liebe   135
Weitere Legesysteme   137
Weitere Bücher von der Autorin   138

Vorwort

Hallo lieber Leser,

bestimmt kennst du meine zuvor erschienen Bücher und wirst dich fragen warum ich in diesem Buch die Du-Form benutze. Es erscheint mir einfach etwas persönlicher, zumal in den Beratungen fast immer in der Du-Form gesprochen wird. Ich habe mir das einfach erlaubt, weil ich zu dir sprechen will wie ein Freund und Helfer und einen Freund würdest du niemals "Siezen". Ich sehe dich auch als Freund, als Freund meiner Bücher und ich denke du teilst mit mir eine Leidenschaft - die Leidenschaft für die Karten.

Auch dieses Mal gebe ich dir eine Menge Handwerkszeug für die Arbeit mit den Karten. Wenn du das Buch gelesen hast, oder besser, mit dem Buch gearbeitet hast, müsstest du alle Fragen zur Liebe beantworten können. Das gilt natürlich für dich selbst und auch für die Arbeit mit deinen Klienten.

Als persönlichen Rat möchte ich dir mit auf den Weg geben: Die Karten lügen nie, es liegt nur im Auge des Betrachters und Deuters. Wenn Menschen deine Hilfe suchen, sei immer ehrlich und sage die Wahrheit, wirklich das, was du siehst. Solltest du etwas einmal nicht sicher sagen können oder einfach nicht sehen, teile auch das mit. Die Liebe ist ein komplexes Thema und mit vielen Emotionen verbunden. Es macht keinen Sinn die große Liebe zu versprechen, die in der Realität niemals erscheint. Es macht auch keinen Sinn die Rückkehr des Herzenspartners zu versprechen wenn die ganze Auslage eindeutig dagegen spricht. Sage also die Wahrheit, das was du siehst ohne etwas "hinzuzudichten", was nicht in den Karten zu finden ist. Wenn es auch mit dem gewünschten Partner nichts werden sollte, gib deinem Schützling lieber Tipps und einen Rat mit auf den Weg und zeige dein aufrichtiges Mitgefühl, vor allem weil es um Herzensangelegenheiten geht. Werde dir darüber klar, dass die Enttäuschung sehr groß wäre wenn derjenige wartet und sich freut weil er ein positives Ergebnis von den Karten erhalten hat und hinterher nichts davon wahr wird. Die Liebe ist deshalb so komplex weil nicht nur wir agieren können und zum Ergebnis beitragen, sondern auch der Partner und dort können wir nur begrenzt beeinflussen. Geht es um unseren Beruf können wir handeln um voranzukom-men. Geht es aber um einen anderen Menschen bleibt uns ein geringerer

Handlungsspielraum. Wir können das Beste geben nur wenn der andere nicht möchte können wir daran erst einmal nichts ändern. Wir müssen es so hinnehmen.

Ich denke dir ist bewusst geworden was ich dir damit sagen möchte. Leider habe ich es allzu oft erlebt, dass ein Ratsuchender enttäuscht wurde weil ihm etwas versprochen wurde, dies aber nicht eintraf. Als Berater ist es aber unsere Pflicht dem anderen zu helfen und dazu gehört in erster Linie Ehrlichkeit und Respekt. Wenn du das einhalten wirst, wird es dir jeder danken der deine Hilfe sucht und du wirst mit deinen Karten Erfolg und Spaß haben!

Nun genug geredet...

Ich wünsche dir viel Spaß und Erkenntnisse mit diesem neuen Buch!

Von Herzen liebe Grüße,

Alexandra Lara Weng

Zur Erklärung dieses Buches

Erster Teil

Hier findest du zu jeder Karte auf der ersten Seite die Grundbedeutung und die Bedeutungen speziell für die Liebe. Es sind dieselben Grundbedeutungen die du auch in meinem ersten Band der Lehrbücher findest. Auf der zweiten Seite der jeweiligen Karte findest du die Deutungen für das kleine Legesystem von Platz 1 bis Platz 5 geordnet. So kannst du schnell nachschlagen und hast sofort die Antwort auf deine Frage. Du kannst auch systematisch vorgehen und die Deutungen auswendig lernen, was ich allerdings nicht raten würde. Versuche lieber zu lernen indem du intuitiv vorgehst, und auch deine eigene Ansicht der Karten miteinbeziehst. Nachschlagen kannst du immer noch.

Zweiter Teil

Die zweite Hälfte des Buches befasst sich mit dem großen Blatt. Einem Legesystem bei dem alle 36 Karten ausgelegt werden. Dieses System wird von den meisten Kartenlegern verwendet weil es sehr viele Informationen bietet. Ich zeige dir wie du die häufigsten Fragen zum Thema Liebe mit Hilfe dieses Legesystems beantworten kannst. Diese Fragen kommen aus meinen Beratungen und wurden am häufigsten an mich herangetragen. Ich hoffe du kannst von diesem Erfahrungswert profitieren und auch deine Fragen werden hiermit beantwortet. Du findest eine allgemeine Schritt für Schritt Anleitung wie die Karten ausgelegt werden und wie du beginnen kannst sie zu deuten. Die wichtigen Kombinationen für die Liebe habe ich ebenfalls dazu getragen, so wird es dir ein leichtes sein einen Überblick zu bekommen. Bist du noch Anfänger, solltest du die Bedeutungen der Karten schon kennen, sonst ist es schwer mit dem großen Blatt zu arbeiten. Du kannst es einmal ausprobieren und schauen was du sehen kannst. Dann wirst du vieleicht verstehen was ich meine.

Erster Teil

Legesystem für die Liebe

Ich habe für dich ein Legesystem vorbereitet mit dem du sofort loslegen kannst. Bei jeder der 36 Karten findest du zu jedem der vorgegebenen Plätze direkt die Antwort.

Hast du also auf Platz 1 den Klee, schlage im Buch die Seite zum Klee auf und lese dort was der Klee auf Platz 1 bedeutet. Hast du das Kreuz auf Platz 5 schlage die Seite zum Kreuz auf und schaue was das Kreuz auf Platz 5 bedeutet. Das ist ganz einfach und hilft dir, vor allem wenn du die Bedeutungen der einzelnen Karten noch nicht kennst, ganz schnell weiter. Deine Frage ist somit sofort beantwortet ohne erst ein ganzes Buch auswendig lernen zu müssen.
Diese Mühe habe ich mir gemacht um dir den Einstieg zu erleichtern außerdem hilft es schnell mit den Karten vertraut zu werden.
Falls du bereits Fortgeschrittener bist, hilft dir dieses System vor allem wenn du dir selbst die Karten legst. Es ist fast ausgeschlossen, dass die Antwort aus dem eigenen Wunschdenken heraus hineininterpretiert wird. Viele Kartenleger haben dieses Problem. Somit hast auch du als Fortgeschrittener nicht ein halbes Buch umsonst gekauft und kannst mit den vorgeschlagenen Deutungen etwas anfangen.
Ich hoffe das ich dir damit deine Arbeit etwas erleichtern kann!

Nachfolgend findest du das System mit den einzelnen Deutungen der Plätze. Es funktioniert eigentlich ganz einfach. Du kombinierst die Deutung des Platzes mit der Bedeutung der jeweiligen Karte die du gezogen hast. Ziehst du für Position 2 die Karte 18 Der Hund weißt du also anhand der Bedeutung des Hundes wie deine Einstellung zum Partner und zur Beziehung ist.

Die Legung hat etwa eine Gültigkeit von 6 Wochen, in seltenen Fällen etwas länger. Die Erfahrung zeigt jedoch, dass es meist schneller geht. Das Ergebnis auf Platz 4 wird aber auf jeden Fall eintreffen, vor allem wenn du bereit bist den Ratschlag auf Platz 5 umzusetzen.

Platz 1 - Aktueller Stand der Partnerschaft oder Hinweis was es momentan zu euch beiden zu sagen gibt

Platz 2 - Deine Einstellung zum Partner bzw. zur Beziehung

Platz 3 - Die Einstellung deines Partners zu dir bzw. zur Beziehung

Platz 4 - Ergebnis; Entwicklung der Partnerschaft; das wird daraus

Platz 5 - Ratschlag; so kannst/solltest du dich verhalten

Anleitung

♥ Mische die Karten gut durch und höre erst damit auf, wenn du meinst es genügt. Das „Stop" sollte aus dem Gefühl heraus entstehen.

♥ Dann legst du die Karten wie einen Fächer vor dich und ziehst die benötigten Karten heraus. In unserem Fall sind es 5 Stück. Merke dir aber die Reihenfolge wie du sie gezogen hast. Das ist wichtig, weil du die erste Karte auf Platz 1 legen solltest, die zweite Karte auf Platz 2 und so weiter. Du darfst erst alle 5 Karten ziehen und dann auslegen, aber auch ziehen und sofort an den entsprechenden Platz legen. Mache es wie es dir besser gefällt. Natürlich darfst du die Karten auch erst verdeckt auslegen. Somit bist du nicht beeinflusst wenn du eine Karte siehst die dir zum Beispiel Angst macht. Es könnte dich beeinflussen wenn du die weiteren Karten ziehst. Wenn die Legung also für dich selbst ist und du noch Anfänger bist, hast du den Vorteil nicht aus der Laune heraus nur noch negative Karten herauszuziehen. Das nennt man "Gesetz der Anziehung" und ich habe es leider schon oft genug erlebt.

♥ Hast du nun alle Karten gezogen drehe sie um falls du verdeckt ausgelegt hast. Dann darfst du damit beginnen die Karten zu deuten. Achte hierfür auf deine erste Eingebung wenn du alle Karten zusammen betrachtest. Macht die Auslage eher einen negativen oder positiven Eindruck auf dich? Welche Gefühle bemerkst du? Welche Gedanken gehen dir durch den Kopf? Merke es dir oder notiere es.

♥ Hast du einen ersten Blick darauf geworfen und deine Empfindungen festgehalten, schlage nun im Buch bei den einzelnen Karten nach, welche Deutung für die entsprechende Position gilt.

♥ Hast du alle 5 Karten gedeutet müsstest du nun deine Frage beantwortet haben oder zumindest eine klare Tendenz sehen wohin ihr euch gemeinsam bewegt und wie dein Gegenüber zu dir steht.

♥ Sind noch Fragen offen geblieben, darfst du pro Position bis zu 2 Karten anlegen. Das darfst du auch, wenn du einfach etwas mehr wissen möchtest. Ziehe nun also dazu eine weitere Karte und lege sie zu der bereits gezogenen an die entsprechende Position. Wichtig ist nur, dass die erste Karte genauso gilt.

War also die erste Karte negativ und die zweite ist positiv musst du beide Karten deuten, nicht nur die positive. Das Ergebnis wäre schlichtweg falsch und die Gefahr ist so groß, dass man einfach zieht und zieht bis die gewünschte positive Karte kommt und alles ist super. Die große Enttäuschung kommt bald nach, wenn letztenendes nichts daraus wird!

♥ Bist du fertig und möchtest du keine Karte mehr ziehen, schaue dir noch einmal das Gesamtbild an. Nun hast du jede Karte gedeutet und kannst vergleichen ob dein erster Eindruck sich bestätigt.

Hinweis für Anfänger und Fortgeschrittene

Wenn auf deinen Lenormandkarten die Skatbedeutungen mit aufgedruckt sein sollten, das sind Herz 10, Karo 9 und so weiter, siehst du auf Anhieb die verschiedenen Damen, Könige und Buben. Dort wo du Damen findest kann es sich zusätzlich zur Deutung der Lenormandkarte auch noch um eine Frau handeln. Siehst du einen König ist es ein Mann. Ich habe es zwar bei den verschiedenen Deutungen mit angefügt, nur bitte ich dich, dies gesondert zu betrachten. Liegt auf der Position des Partners, in dem Fall hauptsächlich Position 3 eine Frau und der Partner ist ein Mann, ist es nicht ganz ausgeschlossen, dass es sich wirklich um eine Frau handelt die beachtet werden sollte. Im Falle eines Königs ist es wie bereits erwähnt ein Mann. Bei den Buben handelt es sich meist um Kinder, außer ihr seid noch sehr jung. Dann könnt auch ihr selbst damit gemeint sein oder eben ein anderer junger Mensch der mit eurer Beziehung etwas zu tun hat.
Bist du nun eine Frau und auf deiner Position liegt eine Dame, kannst du die Eigenschaften der Lenormandkarte mit einbeziehen, da du in dieser Position ganz du selbst sein kannst und auch genau das bekommst, was du dir vorgestellt hast.
Bist du ein Mann und auf deiner eigenen Position liegt ein König, kannst du die Eigenschaften der jeweiligen Karte voll und ganz ausleben. Einfach so wie du bist und genauso wirkst du auch auf dein Gegenüber.
Bitte lege nicht jeden Tag aufs Neue für die gleiche Beziehung. Wenn du zu oft

legst sind die Karten zwar nicht falsch aber du machst dich damit verrückt. Die erste Auslage gilt so lange, bis die Bedeutung der vierten Karten eingetroffen ist. Meistens passiert das innerhalb von 6 Wochen, manchmal geht es auch schneller. Erst dann solltest du als verantwortungsbewusster Kartenleger eine neue, ernsthafte Auslage tätigen. Das gilt auch wenn du für andere die Karten auslegst und deutest.

Anders verhält es sich natürlich zu Übungszwecken. In diesem Fall darfst du auch mehrere Auslagen hintereinander legen, nur setze sie bitte nicht auf dich oder andere um. Es ist zu Übungszwecken und nicht der Ernst des Lebens ;-).

Mehrdeutigkeit der Lenormandkarten

Bestimmt hast du bereits bemerkt, dass jede der Karten nicht nur eine Bedeutung hat. Beispielsweise der Klee bedeutet Glück, Optimismus, Fröhlichkeit, als Zeitfaktor aber auch maximal eine Woche oder auch Frühjahr. Zudem werden ihm Charaktereigenschaften zugeschrieben sobald es um Personen geht. Auch durch die Kombination mit weiteren Karten macht dies jede Karte noch mehrdeutiger, weil es eben auch für die Kombinationen immer mehrere Möglichkeiten gibt. Das bringt vor allem Anfänger anfangs sehr durcheinander und auch Fortgeschrittene wissen in manchen Fällen nicht welche der Deutungen nun die richtige ist.

Die Lösung ist einfach: Jede der Deutungen ist richtig. Auch jede Kombination ist richtig, sofern sie zur Frage passt. Genau dieser Sachverhalt beweist wie viel aus den Karten zu lesen ist.

Bist du also Anfänger rate ich dir ein Heft oder einen Ordner anzulegen wo du dir die gelegten Kartenbilder notierst und dir zu den Kombinationen Notizen machst. So kannst du nach einiger Zeit nachprüfen welche Kombination oder Bedeutung für dich am treffendsten war. Schaust du im Kartenbild nach aktuellen und vergangenen Einflüssen oder Geschehnissen kannst du sofort nachprüfen welche Deutung oder Kombination zutreffend ist.

Ich kann in meinen Büchern leider auch nicht absolut jede Kombination aufschreiben. Ein Buch würde dazu nicht ausreichen, vielleicht eines mit vielen tausend Seiten.

Hast du nun also die Sonne, zeigt sie nicht nur den Erfolg oder die Kraft sondern auch den Sommer. Merke dir einfach nur, dass jede Deutung zutrifft, einmal als Grundbedeutung, als Charaktereigenschaft, als Zeitfaktor und für das Aussehen. Verwende die Karten mehrfach für deine Kombinationen. Hast du im großen Blatt die Sonne mit dem Brief und dem Sarg, kombiniere die Sonne mit dem Brief, dann den Brief mit dem Sarg und abschließend alle drei Karten zusammen. Du wirst sehen alles wird stimmig sein. Was du daraus erhältst deutest du nun in Bezug auf die gestellte Frage.

Mache dir keine Sorgen, mit der Zeit kommt die Routine und die Intuition schaltet sich ein. Das ist der Zeitpunkt in dem du dann genau weißt welche Kombination oder Antwort die zutreffendste ist. Beim Kartenlegen zählt nicht nur die Technik wie du an die Deutung der Auslage gehst, sondern auch was dir die innere Stimme sagt und vor allem wie das Bild auf den ersten Blick auf dich wirkt.

1 Der Reiter

Schlüsselworte: Nachrichten, Neuigkeiten, Gedanken, Kommunikation, Kurzreisen/Tagesreisen, alles Neue
Zeitfaktor: schnell, sofort, etwas kommt/geht schnell
Person: Sohn, junger Mann, ein Freund, Liebhaber
Charakter: jugendlich, sportlich, sprachgewandt, redefreudig
Aussehen: brünette bis braune Haarfarbe, sportliches Aussehen
Themenkarte: schriftliche und mündliche Nachrichten, Gedanken, kleine Reisen, Überraschungen

Deutungen für die Liebe

♥ Treffen mit dem Partner
♥ Nachricht von Partner
♥ Beziehung mit einem jüngeren Mann
♥ Beziehung kommt schnell
♥ Gedanken an den Herzenspartner
♥ Neue Chance auf eine Beziehung oder innerhalb einer vorhandenen Beziehung

In der Regel zeigt der Reiter die Kommunikation innerhalb der Beziehung. Wenn du auf eine Nachricht wartest, wirst du sie erhalten. Sehr oft aber zeigt der Reiter ein Date/Treffen vor allem wenn du darauf wartest. Der Reiter ist eine schnelle Nachrichtenkarte die Nachrichten innerhalb kurzer Zeit anzeigt.

Habt ihr eine schwierige Situation und seid ihr womöglich getrennt, zeigt der eine neue Chance für eure Beziehung.

In kleinen Systemen zeigt diese Karte, je nach Position auf der sie liegt, von wem die Nachricht kommt. Im großen Blatt geht die Nachricht von der Person aus, bei der der Reiter zu finden ist. Geht es zum Zeitpunkt der Frage darum wer den ersten Schritt macht wird es auch derjenige sein wo du den Reiter findest.

1 Der Reiter im Legesystem

Platz 1 - Der Reiter auf Platz 1 ist ein gutes Zeichen, da es sich um eine Chance auf eine Beziehung oder eine Chance innerhalb einer bestehenden Beziehung handelt. Manchmal deutet er auf eine wichtige Nachricht hin, die der Fragesteller entweder erhalten oder versendet hat. Es muss nicht unbedingt eine Nachricht sein, ein Besuch oder ein Treffen kann ebenso gemeint sein. Der Reiter ist auch ein Initiator der besagt, dass der erste Schritt getan ist.

Platz 2 - Deine Einstellung ist positiv, du siehst in ihm die Chance dich zu verlieben, wenn dies nicht bereits geschehen ist. Du scheust dich nicht die Initiative zu ergreifen und möchtest gerne ein Treffen mit der Person deines Herzens. In einer bestehenden Partnerschaft bist du bereit ihr eine Chance zu geben falls es „Meinungsverschiedenheiten" gab. Auch möchtest du gerne viel mit dem Partner unternehmen. Eventuell möchtest du den anderen überraschen, außerdem denkst du sehr oft an diesen Menschen.

Platz 3 - Die Einstellung deines Partners zu dir ist positiv. Wenn du bereit bist zu warten, wird er den ersten Schritt unternehmen und auf dich zugehen. Gerne möchte er sich mit dir Treffen oder etwas mit dir unternehmen. Er sieht in dir eine Chance glücklich zu werden und sich zu verlieben, wenn dies nicht bereits geschehen ist. Es ist gut möglich, dass dein Gegenüber dich überraschen möchte. In einer bestehenden Partnerschaft ist er bereit dir eine Chance zu geben und möchte gerne mit dir etwas unternehmen und sich mit dir treffen.

Platz 4 - Seid ihr bereits zusammen ergibt sich eine neue Chance für euch etwas zu verwirklichen. Dies kann nach einem Streit eine neue Chance sein, in einer gut funktionierenden Partnerschaft kann diese Karte auch einen gemeinsamen Wohnsitz oder eine Heirat ankündigen. Seid ihr noch nicht zusammen stehen die Chancen sehr gut, dass es in Kürze soweit sein wird. Diese Karte zeigt ebenfalls ein Treffen oder Kontakt an. Solltest du also auf Nachrichten warten, werden diese bald eintreffen und wenn der Rest der Legung, vor allem Platz 3 eine positive Karte zeigt, werden die Nachrichten sogar besser als gedacht ausfallen.

Platz 5 - Ratschlag: Gehe in die Initiative. Melde dich beim andere oder statte ihm einen Besuch ab. Der Reiter als Rat sagt weist immer auf eine Kontaktaufnahme hin. Also, worauf wartest du noch?

2 Der Klee

Schlüsselworte: kleines Glück, Optimismus, kleine Freude,
kleines Wunder, positive Phase
Zeitfaktor: maximal eine Woche
Stückzahl: 3-4
Charakter: fröhlich gestimmt, macht gerne Witze, gut gelaunt
Aussehen: rötliche bis bräunliche Haarfarbe,
kleine Statur, oft etwas dicklich
Themenkarte: (kleines, kurzes) Glück, kleiner Glücksfall,
Fröhlichkeit, alles was innerhalb einer Woche geschieht

Deutungen für die Liebe

♥ Glückliche Phase innerhalb der Partnerschaft
♥ Gute Chancen auf eine Beziehung
♥ Optimistische Einstellung zum Partner
♥ Schöne Zeit mit dem anderen verbringen
♥ In der Beziehung verläuft alles nach Plan
♥ Man hofft auf eine Beziehung

Der Klee ist eine positive Karte auch für die Liebe und besagt eine schöne Zeit.
Du darfst ernsthaft auf eine Beziehung hoffen, die Chancen stehen gut.
Ich habe mit dieser Karte schon gehäuft Glücksfälle erlebt auch in aussichtslosen Situationen, daher auch die Bedeutung Glück oder Freude. Als Zeitkarte
gibt sie einen kurzen Zeitraum an, dies könnte für dich wichtig sein, wenn du
auf eine Reaktion des Partners wartest.

2 Der Klee im Legesystem

Platz 1 - Der Klee auf Platz 1 zeigt das (kleine) Glück oder einfach eine schöne Zeit. Es kann sein, dass ihr bereits zusammen seid oder eine Art neuen Frühling gemeinsam erlebt. Seid ihr noch nicht zusammen, zeigt diese Karte das ineinander verliebt sein. Beide sehen die Beziehung optimistisch, ob ihr nun zusammen seid oder nicht, diese Karte an erster Stelle ist sehr positiv. Ich sehe den Klee an dieser Stelle sehr oft wenn die Partner nach langer Zeit wieder zusammen gekommen sind oder es eben eine sehr schwere Zeit gab.

Platz 2 - Deine Einstellung ist positiv und du siehst den anderen als dein Glück an. Mit Optimismus gehst du an die Umsetzung dieser Beziehung und falls ihr noch nicht zusammen seid, siehst du kein Hindernis, warum es nicht funktionieren sollte. Trotz dieser positiven Einstellung vergiss bitte nicht, dass der andere auch Fehler hat.

Platz 3 - Die Einstellung des Partners zu dir und eurer Beziehung zueinander ist positiv und optimistisch. Seid ihr bereits zusammen ist er mit dir sehr glücklich. Seid ihr noch nicht zusammen sieht er eine ernste Chance, dass es bald soweit sein wird. Aus seiner Sicht spricht nichts gegen eine Beziehung und der erste Funke scheint schon übergesprungen zu sein.

Platz 4 - Das Ergebnis wird positiv sein, also wird es auch in scheinbar aussichtslosen Situationen ein gutes Ende geben. Seid ihr noch nicht zusammen ist die Chance auf Erfolg sehr hoch. Es wird eine freudige Zeit anbrechen und eurem Glück wird nichts im Wege stehen. Seid ihr bereits zusammen, kommt ihr gemeinsam in eine Glücksphase, in der euch alles gut von der Hand läuft und ihr perfekt harmoniert. Euer Ziel könnt ihr erreichen. Habt ihr momentan eine schwere Zeit wird diese in kurzer Zeit vorbei sein und ihr dürft wieder miteinander lachen.

Platz 5 - Ratschlag: Bleibe optimistisch und freue dich auf eine schöne Zeit. Mit Fröhlichkeit wirst du viel erreichen. Lasse dich nicht hängen, mache lieber dem Partner eine kleine Freude. Hast du eine schwere Zeit gib nicht auf!

3 Das Schiff

Schlüsselworte: große Reisen, Sehnsucht, Träume, Meer, Seele
Zeitfaktor: mindestens 1 Jahr, für Reisen und Besuche: 25 – 55 Tage
Charakter: lässt alles auf sich zukommen, Lebenskünstler
Aussehen: mittel- bis dunkelblonde Haarfarbe, schlanker Körper
Themenkarte: Reisen, Seele, Sehnsucht, Träume

Deutungen für die Liebe

♥ Sehnsucht nach dem Partner
♥ Gemeinsame Reise
♥ Beziehung auf Distanz/Wochenendbeziehung
♥ Gemeinsames Verwirklichen von Plänen
♥ Beziehungsangelegenheit kommt ins Rollen
♥ Seelenverbindung
♥ Beziehung kommt auf dich zu

Das Schiff finde ich meist in Beziehungen in denen die Distanz eine große Rolle spielt. Das kann eine Wochenendbeziehung sein oder aber, nicht ganz selten, die Beziehung mit einer Person aus dem Ausland.
Ist beides ausgeschlossen wird in Beziehungsangelegenheiten einiges geschehen. Wenn du also schon etwas warten musstest, sollte das ganze bald ins Rollen kommen. Es kommt immer darauf an wo du das Schiff findest. Liegt es bei dir oder auf deiner Position, wirst du auf den anderen zugehen. Findest du es aber beim Herzenspartner oder auf seiner Position wird dieser auf dich zugehen.

3 Das Schiff im Legesystem

Platz 1 - Das Schiff auf Platz 1 ist oft ein Hinweis auf eine Distanz- oder Wochenendbeziehung, das Ausland ist nicht ausgeschlossen. Ihr habt Sehnsucht nacheinander und manchmal ist sie ein Zeichen für die Seelenverbindung. Möglicherweise wart ihr auch gemeinsam verreist oder habt euch während einer Reise kennengelernt. Auf jeden Fall ist die Sache ins Rollen geraten und auf euch beide kam etwas zu, mit dem ihr nicht gerechnet hattet.

Platz 2 - Du sehnst dich nach dem anderen, er ist Bestandteil deiner Träume. Nun möchtest du das ganze auf dich zukommen lassen und hoffst, dass etwas passiert. Eigene Aktion ist mit dieser Karte nicht zu sehen.

Platz 3 - Dein Gegenüber sehnt sich nach dir und du bist Bestandteil seiner Träume. Er hat den Wunsch nach einer Beziehung mit dir, nur übernimmt er eher den passiven Part und wartet ab wie sich die Dinge entwickeln.

Platz 4 - Entweder ihr wollt miteinander verreisen oder eure Beziehungsangelegenheit kommt erst in der Zukunft so richtig ins Rollen. In dieser Position zeigt das Schiff eine zukünftige neue Beziehung an. Seid ihr bereits zusammen, werdet ihr versuchen eure Pläne und Träume zu verwirklichen.

Platz 5 - Ratschlag. Bleibe passiv und warte ab. Im Regelfall kommt der andere auf dich zu.

4 Das Haus

Schlüsselworte: Haus, Heim, Familie, Geborgenheit,
Sicherheit, Immobilien, Verantwortung
Zeitfaktor: ein Moment, nicht sehr lange, kann aber
auch ein Menschenleben sein (ca. 75 Jahre)
Person: freundlicher Mann zwischen 20 und 40 Jahren
meist jedoch älter als 30 Jahre
Charakter: familienorientiert, zuverlässig, häuslich
Aussehen: dunkelblonde Haarfarbe, kräftiger Körperbau
Themenkarte: Heim/Haus, Familie

Deutungen für die Liebe

♥ gemeinsames Zuhause
♥ Familienplanung
♥ feste Bindung
♥ manchmal: Ehemann
♥ Intimsphäre

Das Haus stellt typischerweise in Beziehungen das gemeinsame Zuhause dar, einen privaten Ort wo ein Paar unter sich ist. Eventuell handelt es sich bei Paaren die sich bereits länger kennen sogar um die Familienplanung.

Das Haus kann auch einen Mann zeigen, der eventuell Einfluss auf die Beziehung hat, in seltenen Fällen kann es den Ehemann darstellen.

Findest du das Haus in kleinen Legesystemen könnte auch gemeint sein, dass Verantwortung für die Beziehung übernommen wird. Diese Karte kann unter anderem die Ursprungsfamilie zeigen.

4 Das Haus im Legesystem

Platz 1 - In erster Linie geht es hier um Verantwortung. Seid ihr bereits zusammen ist die Karte ein Hinweis auf eine sichere Beziehung. Natürlich kann konkret ein gemeinsamen Zuhause gemeint sein oder das Gründen einer Familie. Seid ihr noch nicht zusammen scheint hier trotz alledem die Verantwortung eine Rolle zu spielen. Das ist oft der Fall wenn einer der beiden Partner ein Kind mit in die Beziehung bringt und die Verantwortung vom anderen mit übernommen werden müsste. In vielen Fällen spielt hier die Ursprungsfamilie für diese Beziehung eine Rolle. Aber Vorsicht! Das Haus ist Signifikator für einen Mann. Es gilt also immer abzuklären ob eine Dreiecksbeziehung vorherrscht oder ein anderer Mann noch eine Rolle spielt. Dann ist diese Karte eher ein aktuelles Hindernis für diese Beziehung.

Platz 2 - Du siehst diese Partnerschaft als sicher, vor allem wenn ihr bereits zusammen seid. Deine Pläne sind weitreichender. Dein Gegenüber wäre jemand mit dem du dir in der Tat auch ein Familienleben vorstellen könntest. Du bist bereit Verantwortung zu übernehmen, zudem siehst zu im anderen einen zuverlässigen und häuslichen Gefährten. Überlege dir nur, ob für dich ein anderer Mann noch eine Rolle spielt. Wenn dem so sei, ist es eine Hinderniskarte. Ein anderer Mann deinerseits steht dir im Weg. Bist du aber selbst ein Mann zeigt diese Position, dass du die Eigenschaften dieser Karte in dieser Beziehung voll ausleben kannst.

Platz 3 - Dein Partner sieht die Beziehung als sicher, vor allem wenn ihr bereits zusammen seid. Er oder sie könnte sich mit dir eine Familie vorstellen. Dein Gegenüber sieht in dir einen verlässlichen und häuslichen Gefährten der bereit ist Verantwortung zu übernehmen, aber auch er selbst ist bereit dies zu tun.
Sollte allerdings dein Gegenüber eine Frau sein, gilt es abzuklären in wie weit noch ein anderer Mann eine Rolle spielt. Oder denkst du nur sie hat einen anderen noch nicht losgelassen? Ist dein Partner aber ein Mann, kann er alle Eigenschaften dieser Karte in eurer Beziehung voll ausleben.

Platz 4 - Seid ihr noch nicht zusammen, kannst du optimistisch sein. Ihr beide werdet in Zukunft eine Beziehung eingehen weil ihr bereit seid Verantwortung zu übernehmen. In nicht wenigen Fällen entsteht daraus eine Familie, in jedem Fall aber eine feste und sichere Beziehung. Aber Vorsicht! Solltest du eine Frau sein, ist es nicht ausgeschlossen, dass du in der Zukunft einem anderen Mann begegnest, der dich durcheinander bringt. Oder weißt du bereits wer dir in deine jetzigen Pläne reinfunkt. Prüfe also in wie weit du den anderen Mann abgeschlossen hast oder eben noch nicht. Bist du ein Mann, solltest du aufpassen ob es noch einen anderen Mann im Leben deiner Partnerin gibt der eine Rolle spielt. Sollte das der Fall sein, könnte er in Zukunft für eure Beziehung ein Hindernis darstellen.

Platz 5 - Ratschlag. Zeige dich zuverlässig und häuslich. Überlege dir in wie weit ein anderer Mann für dich eine Rolle spielt, egal ob du eine Frau oder ein Mann bist. Setze auf Sicherheit!

5 Der Baum

Schlüsselworte: Gesundheit/Krankheit, Zielsetzung, feste Verwurzelung,
Natur, das Leben, Stabilität, Langlebigkeit
Zeitfaktor: 7 – 12 Monate, manchmal auch fürs ganze Leben
Charakter: ruhig, beständig, setzt sich hohe Ziele die meist
erreicht werden, verlässlich
Aussehen: brünett bis rotbraune Haare, meist groß
selten klein und etwas rundliche Figur
Themenkarte: Gesundheit, Leben, Ziele, Natur

Deutungen für die Liebe

♥ stabile, sichere Beziehung
♥ manchmal Langeweile innerhalb der Partnerschaft
♥ gemeinsame Ziele und Vorstellungen
♥ langjährige Partnerschaft
♥ Chance auf eine feste Partnerschaft
♥ langsames Wachstum einer Beziehung

Der Baum zeigt im partnerschaftlichen Bereich meist eine langjährige Beziehung an. Bist du noch nicht mit deinem Herzenspartner zusammen werdet ihr langsam zusammenwachsen. Du brauchst also etwas Geduld, hast aber dafür die Chance auf eine feste, sichere und verlässliche Partnerschaft. Nur solltest du darauf achten, dass keine Langeweile aufkommt, es ist eine kleine Gefahr der Baumkarte.

5 Der Baum im Legesystem

Platz 1 - Der Baum auf dieser Position zeigt fast immer eine langjährige Partnerschaft die besteht, manchmal auch eine langjährige Freundschaft. In jedem Fall aber kennen die Partner sich schon eine längere Zeit und haben schon etwas miteinander erlebt. Vorsichtig aber solltest du sein, wenn ihr euch noch nicht lange kennt oder eben erst kennengelernt habt. Entweder müsst ihr erst zusammen wachsen und im Moment gibt es einige Schwierigkeiten, oder eure Ziele sind sehr verschieden. Das macht nichts wenn jeder von euch bereit ist, ein Stück weit dem anderen entgegenzukommen.

Platz 2 - Du siehst die Beziehung zum Partner als stabil und bist bereits mit ihm zusammen gewachsen. Auf jeden Fall hast du feste Ziele, die du mit dem anderen gemeinsam erreichen möchtest. Meistens hast du sogar das Gefühl: Das ist ein Mensch mit dem ich alt werden kann.

Platz 3 - Dein Partner sieht die Beziehung als stabil und er hat das Gefühl mit dir verwachsen zu sein. Du bist ein Teil von ihm geworden. Er hat feste Ziele mit dir, die er unbedingt erreichen möchte. Er ist der Meinung du bist ein Mensch mit dem er alt werden kann.

Platz 4 - Ihr werdet in eine stabile Phase kommen sobald die Zeit dafür reif ist. Das kann etwas dauern, dafür wird es nachhaltig sein, weil ihr so fest zusammenwachsen könnt. Es wird keine Beziehung für Eilige werden, rechne also eher mit einer längeren Zeit des Kennenlernens. Seid ihr bereits zusammen, wird das auch so bleiben, eher sogar setzt ihr euch höhere Ziele die ihr gerne gemeinsam erreichen wollt. Manchmal ist diese Karte ein Hinweis, dass ihr sehr viel gemeinsam macht und eher ungern vom Partner getrennt seid.

Platz 5 - Ratschlag! Lasse euch Zeit, Zeit zum Reifen und Zusammenwachsen. Überstürze nichts, dann hast du die Chance den Partner fürs Leben zu finden, vielleicht auch die große Liebe. Alles was du benötigst ist Geduld, damit die Partnerschaft wachsen kann.

6 Die Wolken

Schlüsselworte: Unklarheiten, Unsicherheit, Träume, Ideen, Wünsche, Kreativität, Täuschungen, Zweifel, Ungerechtigkeit
Zeitfaktor: Herbst, 6 Tage bis 6 Monate
Person: undurchschaubarer Mann, oft ist es der Ex-Partner
Charakter: undurchschaubar, lenkt gerne ab, erzählt nichts von sich selbst, genügsam, manchmal realitätsfremd
Aussehen: helle Haarfarbe oft grauhaarig oder an den Schläfen grau, normale Statur
Themenkarte: Unklarheiten, Unangenehmes, Ideen, Wünsche, Träume

Deutungen für die Liebe

♥ Unsicherheit innerhalb einer Partnerschaft oder unsichere Situation
♥ schwer einschätzbare Chance
♥ Klärungsbedarf zwischen den Partnern
♥ Beziehung steht auf wackligen Beinen
♥ Streitsituation
♥ den anderen nicht wissen lassen was man möchte
♥ im positiven Sinn aber auch gemeinsame Träume und Ideen

Die Wolkenkarte ist schwer zu erfassen. Einerseits ist sie unangenehm, weißt sie doch sehr oft auf eine Streitsituation hin, andererseits eine Karte, die große Wünsche, Träume und Pläne enthalten kann. In kleinen Legesystemen schaue ob du auf den anderen Plätzen hauptsächlich positive Karten findest. Dann darfst du auch die positive Deutung der Karte hernehmen. Sind allerdings vorwiegend negative Karten zu finden, solltest du auch die negative Deutung einbeziehen. Typische Situationen dieser Karte, vor allem wenn sie auf Plätzen für Personen liegt, sind Zweifel und dass sich derjenige vom anderen im Stich gelassen fühlt. Meist weil das Gegenüber sich nicht entscheiden kann. Selbstzweifel und Zweifel an der Beziehung oder am anderen lassen solche Situation oft entstehen wenn die Wolken im Spiel sind. Allerdings darfst du niemals ausschließen, dass es nicht nur Einbildung von dir oder vom anderen ist, sondern ein reelles Problem darstellt. Diese Karte kann ein Hinweis auf einen anderen Mann sein, oft ist damit der Ex-Partner gemeint, der im Leben einer Frau noch eine Rolle spielt. Doch auch für einen Mann kann er ein ernsthafter Konkurrent sein.

6 Die Wolken im Legesystem

Platz 1 – Die aktuelle Situation ist unklar. Keiner von euch beiden weiß was der andere sich wünscht und wie der andere zu einem selbst oder einer Beziehung steht. Es kann gut sein, dass auch nur einer von euch beiden den anderen hängen lässt und es somit offen steht was passieren wird. Bei Paaren die bereits zusammen sind handelt es sich bei den Wolken oft um eine unbeantwortete Frage.

Platz 2 – Du weißt nicht was du von dieser Verbindung halten sollst. Du zweifelst und bist dir unsicher wie du selbst oder wie der andere zu dir steht. Möglicherweise aber bist du dem anderen noch eine Antwort schuldig. Du hast aber trotz allem den Wunsch eine Beziehung mit deinem Gegenüber einzugehen. Bist du eine Frau können die Wolken auch deinen Ex-Partner zeigen der, wenn auch nur gedanklich, noch ein Hindernis für diese Beziehung darstellt.

Platz 3 – Dein Partner weiß nicht was er momentan von dieser Verbindung halten soll, er weiß auch nicht wie er sich dazu stellen soll und auch nicht wie du dazu stehst. Vielleicht lässt er dich auch im Unklaren und schuldet dir eine Antwort. Der Wunsch nach einer Bindung ist aber vorhanden. Ist dein Gegenüber aber eine Frau, könnte ihr Ex-Partner noch eine Rolle spielen.

Platz 4 – Eure Verbindung wird euch Nerven kosten da viele Fragen offen bleiben und auch Zweifel die Beziehung zueinander trüben. Ihr habt beiden den Wunsch nach einer Partnerschaft, werdet aber eure Zweifel nicht so einfach los. Möglichweise geratet ihr auch in Streit weil ihr aneinander vorbeiredet. Ein anderer Mann kann in Zukunft eine Rolle spielen.

Platz 5 – Wenn du dir so sehr die Partnerschaft mit deinem Gegenüber wünscht, frage dich, was dich zweifeln lässt und kläre es, wenn möglich, ab. Sind Fragen offen, rede mit dem anderen. Kläre auch ab welche Rolle ein anderer Mann für dich spielt.

7 Die Schlange

Schlüsselworte: Irrwege, Intrige, berechnendes Verhalten,
Umwege, Eifersucht
Zeitfaktor: Kreislauf: Wiederholung alle 7 – 9 Wochen
Person: ältere/reife Frau, oft die Mutter, Arbeitskollegin,
aber auch: Konkurrentin
Charakter: vorsichtig, diplomatisch, reifer Mensch
Aussehen: sehr dunkle Haarfarbe, meist schwarz, schlank, athletisch
Themenkarte: Freundin, ältere Frau, Mutter, Umwege, Eifersucht

Deutungen für die Liebe

♥ Hin und Her in Beziehungsangelegenheiten
♥ Konkurrentin (Frau steht zwischen den Partnern)
♥ Mutter beherrscht die Beziehung
♥ Eifersucht
♥ im positiven Sinne aber auch die Freundin/Mutter die „verkuppelt"
♥ Beziehung nur über Umwege möglich

Die Schlange ist selten eine positive Karte für Beziehungsangelegenheiten. In den meisten Fällen stellt sie die Konkurrentin dar, die eine Beziehung gefährden kann. Oft zeigt die Schlange die Ehefrau des Partners wenn dieser noch gebunden ist. Kommt dies aber nicht in Frage hast du Glück weil es nur ein hin und her in der Beziehung gibt oder womöglich (unbegründete) Eifersucht. Ich spreche deshalb von Glück weil es noch die angenehmste Deutung der Schlange ist.

Vergessen darfst du aber nicht, dass die Schlange auch die Mutter darstellen kann. Somit prüfe bitte ob bei einem der Partner eine dominante Mutter im Spiel ist.

7 Die Schlange im Legesystem

Platz 1- Entweder funkt eine andere Frau dazwischen oder eure Beziehung ist einem ständigen Hin und Her unterworfen. Jeder von euch versucht über Umwege an den anderen Heranzukommen, nur das kann nicht die Lösung sein. Möglicherweise spielt auch Eifersucht momentan eine größere Rolle zwischen euch.

Platz 2 – Du siehst eure Beziehung als Hin und Her und glaubst, dass du auf dem konventionellen Weg nicht viel erreichen kannst. Bist du eine Frau könnte dir eine andere Frau im Leben deines Partners Schwierigkeiten machen. Es kann sich auch um die Mutter handeln. Vielleicht reagierst du sogar mit Eifersucht. Bist du aber ein Mann kann die Schlange eine andere Frau in deinem Leben zeigen, eine mögliche Ehefrau oder aber die Mutter, die die neue Beziehung beeinflusst.

Platz 3 – Dein Partner merkt, dass er auf dem konventionellen Weg nicht viel erreichen kann. Für ihn ist es ein Hin und Her. Möglicherweise wird er es auf einem anderen Weg versuchen. Ist dies die Position für einen Mann könnte eine andere Frau eine Rolle spielen. Es kann sich um die Ehefrau, die Mutter oder auch eine sonstige Frau handeln. Ist dies der Fall, könnte es ein Hindernis für die Beziehung sein.

Platz 4 – Über Umwege könnte ihr euer Ziel erreichen. Dazu ist aber etwas Geduld notwendig, denn es dauert etwas, bis das Chaos gelichtet ist. Allerdings kann für die Zukunft auch eine andere Frau eine Rolle spielen. Dadurch könnte Eifersucht entstehen.

Platz 5 – Wenn du auf diesem Weg bleibst und nichts änderst wird, es länger dauern. Suche dir einen anderen Weg auch wenn es nicht der „normale" ist und versuche es so. Achte darauf inwiefern eine andere Frau für dich eine Rolle spielt. Vielleicht von Seiten des Partner oder auch von deiner Seite.

8 Der Sarg

Schlüsselworte: einen Schrecken bekommen, Transformation, Kummer, Sorgen, negative Gedanken, Neubeginn nach Beendigung des alten, im besten Fall Wartezeit
Zeitfaktor: 2 – 18 Monate
Charakter: traurig, religiös, deprimiert, besorgt
Aussehen: dunkelbraune oder schwarze Haare, normaler kräftiger Körperbau, meist dunkle Menschen
Themenkarte: Krankheit, Kummer, Trennung, Ende und Neuanfang

Deutungen für die Liebe

♥ oft das Ende einer Beziehung („Schluss machen")
♥ mit guten Karten aber Wartezeit innerhalb einer Beziehung oder auf eine Beziehung
♥ Liebeskummer
♥ belastete sorgenvolle Beziehung
♥ eine alte Beziehung endgültig beenden um einer neuen Platz zu machen
♥ Beziehung die Kraft kostet

Der Sarg kann negativ und positiv sein, es hängt sehr viel von der Sichtweise ab. Spielt noch eine alte Partnerschaft eine Rolle, etwa weil man sich noch nicht richtig davon verabschiedet hat, deutet der Sarg auf genau dieses endgültige Ende hin. Erst dann ist derjenige wieder frei um etwas Neues einzugehen. Bis dies passiert ist, bleibt die neue Beziehung eher gelähmt. Die zweite Seite des Sarges, eine positive, wäre die Wartezeit. Bestimmt weißt du was ich meine. Du wartest auf den anderen oder auch auf die Beziehung. Diese Deutung trifft aber nur zu wenn sich sonst nur positive Karten in deinem Legesystem befinden, zumindest in der Nähe des Sarges. Die negative Seite des Sarges zeigt das Ende einer Beziehung schnell oder auch über eine längere Zeit hinweg. Das tut zwar weh, nur zeigt der Sarg meist das natürliche Ende, also kommt es mit Vorbereitung. Es hat sich „tot" gelaufen. Die Einsicht ist das schmerzhafte daran und auch weil keiner weiß was danach kommt. Dennoch, aus der Erfahrung heraus, kommt meist etwas Besseres wenn du warten kannst. Sei nicht besorgt wenn deine Beziehung sich dem Ende neigen sollte, freue dich auf die Zukunft.

8 Der Sarg im Legesystem

Platz 1 – Der Sarg als aktuelles Bild zeigt Kummer und Sorgen. Wenn ihr zusammen seid steht ihr entweder in einer Trennungsphase, weil ihr merkt das natürliche Ende naht. Im besten Falle aber beginnt ihr im Moment einen Neustart, nachdem alte Strukturen zerbrochen sind.

Platz 2 – Du befindest dich in einer Zeit voller Kummer und Sorgen. Vielleicht glaubst du nicht mehr an diese Beziehung und du siehst bereits das Ende. Bist du jedoch noch in einer anderen Partnerschaft weißt du, dass für dich die Zeit des Loslassens angebrochen ist. Bedenke aber, dass der Sarg auch den Neuanfang zeigt. Bist du also bereit loszulassen, gibt es für dich die Möglichkeit auf einen neuen Anfang.

Platz 3 – Dein Partner steckt in einer Zeit voll Kummer und Sorgen. Möglicherweise ist er der Meinung die Beziehung läuft dem Ende zu. Steckt er allerdings noch in einer anderen Beziehung, könnte mit dem Ende auch diese gemeint sein. Dann weiß er, dass erst ein Neuanfang möglich ist, wenn er sich vom Alten gelöst hat.

Platz 4 – Eure Beziehung läuft dem Ende zu, zumindest wird es so wie bisher nicht mehr funktionieren. Stellt euch darauf ein, dass sich einiges ändern wird und eventuell auch die Partnerschaft enden könnte.
Steckt ihr aber momentan in größeren Schwierigkeiten, zeigt der Sarg auf der Endposition auch das Ende der Schwierigkeiten an.

Platz 5 – Denke um und wenn nötig löse dich vom Alten oder auch von dieser Beziehung, wenn sie der Auslöser für deinen Kummer ist. Mache dir bewusst, dass dieser Schritt zwar schmerzt, aber wenn dieser Schmerz überstanden ist, werden sich neue Türen für dich öffnen.

9 Die Blumen

Schlüsselworte: Glück, Freude, Geschenk, Überraschung, Charme, Einladung, Erfolg
Zeitfaktor: Frühjahr/Frühling, bis zu 3 Monate
Person: sehr junge Frau/Mädchen, Tochter
Charakter: beliebt, charmant, glücklich, freundlich
Aussehen: helle Haarfarbe, sportlich und schlank
Themenkarte: großes Glück, Tochter, junge Geliebte/Freundin, Überraschung, Geschenk, Einladung

Deutungen für die Liebe

♥ Einladung vom Partner
♥ Überraschung vom Partner
♥ Großer Glücksfall innerhalb der Partnerschaft
♥ Eventuell gemeinsame Tochter
♥ Geschenk
♥ In manchen Fällen auch Verlobung

Die Blumenkarte ist eine sehr positive Glückskarte, die beste des ganzen Kartendecks. Kommt sie in bezug auf Partnerschaften ins Spiel verheißt sie dir Glück auch wenn die Lage noch so verheerend und schlimm aussieht. Du darfst auf eine positive, überraschende Wende hoffen. Bist du mit deinem Partner bereits zusammen verheißt die Karte Glück, eine schöne Zeit und eventuell sogar eine Verlobung.

Habt ihr ein gemeinsames Kind oder hat einer von euch ein Kind in die Beziehung mitgebracht zeigt die Karte die schon etwas ältere Tochter.

9 Die Blumen im Legesystem

Platz 1 – Momentan herrscht zwischen euch eine Glücksphase, möglicherweise hat auch einer den anderen überrascht. In jedem Fall seid ihr euch aber bewusst, dass diese Beziehung für euch das große Glück bedeutet. Eine Garantie für die Dauer gibt es zwar nicht, aber eure Startposition ist sehr positiv.

Platz 2 – Du bist momentan glücklich. Vielleicht möchtest du auch deinen Partner überraschen oder wartest auf eine Überraschung von ihm. Du riechst förmlich den Erfolg und rechnest nur mit Positivem. Die Blumenkarte ist grundsätzlich eine starke Glückskarte und ebenso sieht auch deine aktuelle Einstellung aus.

Platz 3 – Dein Partner sieht eure Beziehung als positiv, seid ihr noch nicht zusammen, ist er glücklich mit der Entwicklung. Möglicherweise möchte er dich überraschen oder dich einladen. Vielleicht hast auch du ihn überrascht. In jedem Fall aber scheint dein Gegenüber sehr charmant zu sein.

Platz 4 – Eure Beziehung wird sich sehr positiv entwickeln und euch steht ein Glücksfall bevor. Seid ihr schon zusammen, könntet ihr euch verloben mit anschließender Heirat. Ob es nun eine Ehe sein muss oder nicht, glücklich werdet ihr in jedem Fall sein.

Platz 5 – Greife die Sache positiv an. Wenn du möchtest überrasche den anderen, er wird sich darüber sehr freuen. Das Glück ist nicht mehr fern.

10 Die Sense

Schlüsselworte: plötzliche Kursänderung, eine Schrecken bekommen, Einschnitt, Gefahr, Unglück, bei richtiger Handhabung aber auch Erfolg
Zeitfaktor: unerwartet, plötzlich, (zu) schnell
Person: junger Mann der aggressiv sein kann, sonst kleiner Junge (Kinderkarte)
Charakter: jähzornig, aggressiv, sind die Kräfte richtig genutzt: erfolgreich
Aussehen: rotblond oder hellblonde Haarfarbe, sehr dünner Körperbau
Themenkarte: Gefahr, Wut, Aggression, Einschnitt im Leben

Deutungen für die Liebe

♥ Trennung, meist zeitlich
♥ Ernten was man gesät hat
♥ Wut auf den Partner
♥ Unglückliche Wende
♥ Erschreckendes Erlebnis/Ereignis
♥ Schnelle Entscheidung für oder gegen eine Partnerschaft

In der Liebe bringt die Sense in der Regel eine zeitliche Trennung. Du wirst das ernten was du gesät hast. Hast du dir Mühe gegeben wirst du belohnt. Hast du allerdings das Gegenteil getan, bekommst du auch das zurück. Es hängt also davon ab, was du bis jetzt bereit warst zu geben und wie du dich verhalten hast. Somit kann die Sense positiv oder negativ sein. Seid ihr noch nicht zusammen, kann ganz plötzlich eine Partnerschaft entstehen oder man geht komplett auseinander wenn die Erlebnisse bis jetzt eher negativ waren. Da die Sense auch für Gefahr steht, ihr Schnitt ist tödlich, könnte eine andere Person oder eine Situation die Beziehung in Gefahr bringen, sozusagen von „außen". In einer Beziehung zeigt die Sense die explosive Stimmung die zur Trennung führen kann aber auch, konstruktiv genutzt, einander näher bringt. Zu guter letzt kann sie aber auch einen Sohn zeigen der dann sehr lebhaft ist und viel Aufmerksamkeit benötigt. Schau auf die Karte, dort ist der Karo-Bube zu sehen. Buben sind immer Kinder.

10 Die Sense im Legesystem

Platz 1 – Ihr steckt in einer zeitlichen Trennung, der Kontakt wurde unterbrochen oder die Beziehung ist einfach belastet durch irgendwelche Vorfälle. Eure Beziehung scheint momentan in eine ungünstige Richtung zu laufen und es könnte ein Unglück gegeben haben. In jedem Fall aber mahnt die Sense zur Vorsicht, sie ist eine Warnung, egal auf welcher Position sie liegt.

Platz 2 – Entweder siehst du Gefahr für eure Beziehung, bist wütend auf den anderen oder spürst dass die Zeit für eine (zeitliche) Trennung gekommen ist. In jedem Fall ist die Sense auf einem Personenplatz nicht sonderlich positiv. Es liegt etwas in der Luft und man spürt, dass es in die falsche Richtung läuft oder gelaufen ist.

Platz 3 – Dein Gegenüber sieht eure Beziehung gefährdet, ist wütend oder spürt, dass die Zeit für eine (zeitliche) Trennung gekommen ist. Der andere spürt deutlich dass etwas nicht stimmt, vielleicht hat er auch seine Handlungen nicht im Griff.

Platz 4 – Die Sense auf dieser Position zeigt entweder den totalen Erfolg oder die Trennung. Es hängt davon ab, wie die Kräfte innerhalb der Beziehung oder untereinander verteilt sind. Seid ihr beide sehr aktive Menschen könnt ihr eure große Energie durch Unternehmung oder Sport gut unter Kontrolle halten. Sitzt ihr aber ständig aufeinander, wird es sehr schwer für eure Beziehung werden.

Platz 5 – Setze dich durch und greife ein eventuell vorhandenes Problem an. Seid ihr noch nicht zusammen, rät die die Sense zur Aktion. Geh in dem Fall auf den anderen aktiv zu.

11 Die Ruten

Schlüsselworte: Auseinandersetzung, Streit, Diskussion,
klärendes Gespräch, Zweifel
Stückzahl: 2
Person: junger, aufgeweckter Mann, kleiner Junge/Sohn
Charakter: redegewandt, durchsetzungsfähig, kann gut argumentieren
Aussehen: dunkelblonde oder braune Haare, schlanker, muskulöser Körper
Themenkarte: Streit, Auseinandersetzung, Stress,
Meinungsverschiedenheit, Tanzveranstaltung

Deutungen für die Liebe

♥ Das klärende Gespräch
♥ Manchmal ein Hinweis auf 2 Partnerschaften
♥ Streit liegt in der Luft
♥ Es wird viel gesprochen oder diskutiert
♥ Mit guten Karten angenehmes Gespräch
♥ An der Beziehung oder am Partner zweifeln

Die Ruten sind das Zeichen für ein notwendiges, klärendes Gespräch. Sehr oft sind sie in Zusammenhang mit der Wolkenkarte zu sehen, die auf die zuvor entstandenen Unklarheiten hinweist. Nur mit positiven Karten nahe den Ruten darfst du die positive Deutung heranziehen. In diesem Fall handelt es sich um konstruktive Gespräche oder das Ausdiskutieren anstehender Dinge. Seid ihr noch nicht zusammen sind Zweifel daran schuld. Hier solltest du klären warum und wodurch diese Zweifel entstanden sind und ob es wirklich am Partner liegt oder eher an dir selbst. Vorsicht ist allerdings notwendig, da die Ruten die typische Dreiecks-Beziehung anzeigen kann. Entweder ist einer von beiden noch verheiratet, oder es gibt einen anderen Dritten im Bunde. Versuche das auf jeden Fall auszuschließen. In den meisten Fällen aber herrscht dicke Luft oder eine Streitsituation, die nur mit einem klärenden Gespräch entschärft werden kann. Die Ruten zeigen auch einen kleinen Jungen oder jungen Mann. Das kann ein gemeinsames Kind sein oder auch ein in die Beziehung mitgebrachtes.

11 Die Ruten im Legesystem

Platz 1 – Die aktuelle Position ist etwas heikel denn es scheint Gespräch oder Diskussionen zu geben die verunsichern. Möglicherweise gab es auch ein klärendes Gespräch, das sich schon eine längere Zeit angebahnt hatte. Trotzdem bleiben die Ruten neutral und zeigen nicht deutlich eine negative oder positive Richtung.

Platz 2 – Du bist in Diskussionslaune und würdest dich über ein klärendes Gespräch freuen. Es könnte aber auch sein, dass du an der Beziehung zweifelst und innerlich zerrissen bist, weil du nicht weißt was du möchtest. Ziemlich selten zeigen die Ruten auf dieser Position ein Kind an.

Platz 3 – Dein Partner ist in Diskussionslaune und würde sich über ein klärendes Gespräch freuen. In den meisten Fällen aber zeigen die Ruten in dieser Position Zweifel des anderen vielleicht aufgrund eines Vorfalls. Manchmal steht der andere auch zwischen den Stühlen und weiß nun nicht wie er weiterhin vorgehen soll.

Platz 4 – Zwischen euch wird es Diskussionen und Zweifel geben. Die Ruten zeigen nicht, dass eure Beziehung nicht bestehen bleibt oder gar nicht erst zustande kommt, eher dass Klärungsbedarf herrscht. Die Ruten zeigen aber auch viele Gespräche die es zwischen euch geben wird. Von Kontaktabbruch ist also nichts zu sehen.

Platz 5 – Prüfe deine Zweifel und überlege dir was du möchtest. Vielleicht gehst du auch auf den anderen zu und führst ein klärendes Gespräch.

12 Die Vögel

Schlüsselworte: Stress, Aufregung, Kummer, Gespräche, Unruhe,
Telefonanruf oder mündliche Nachricht
Stückzahl: 2
Person: 2 ältere Herrschaften, älteres Ehepaar
Charakter: nervös, unruhig, unterhaltsam, gesprächig
Aussehen: braune Haare, normale Figur
Themenkarte: Aufregung, Telefonanruf, Kummer, Stress,
älteres Ehepaar, mehrere Gespräche

Deutungen für die Liebe

♥ Anruf vom Partner oder man selbst ruft an
♥ Unruhige Beziehung
♥ Wegen Stress wenig Zeit für den anderen haben
♥ Schwiegereltern oder eigene Eltern
♥ Gespräch mit dem Partner

Die Vögel zeigen in Beziehungen meist Gespräche vor allem aber den erhofften Anruf. Wenn du diese Karte ziehst und sie liegt auf der Position des Partners wird er sich bei dir melden. Seid ihr bereits zusammen, geht die Beziehung durch eine stressige Phase. Das ist nicht weiter schlimm, da mit dem Vögeln deine Beziehung nicht ernsthaft gefährdet ist. Da die Vögel auch ein älteres Ehepaar zeigen können besteht die Möglichkeit eines Besuches bei den Eltern von einem der Partner oder auch das erste Vorstellen des neuen Partners bei den Eltern. Je nach Situation kann auch die Hilfe für die Beziehung von Seiten der Eltern gemeint sein. Auf jeden Fall brauchst du dir keine Sorgen machen, auch unruhige Zeiten gehören dazu und sie werden vergehen.

12 Die Vögel im Legesystem

Platz 1 – Die Vögel zeigen auf der einen Seite Unruhe, aber auch telefonischen Kontakt an. Wenn bisher noch kein Anruf zustande kam, müsste es in sehr kurzer Zeit soweit sein. Vielleicht herrscht aber auch nur Aufregung weil ein Treffen ansteht? In jedem Fall ist der Kontakt nicht unterbrochen.

Platz 2 – Du bist aufgeregt und wartest auf einen Anruf deines Gegenübers. Vielleicht denkst du auch darüber nach selbst anzurufen. Du scheinst gestresst zu sein und hast, vor allem wenn ihr bereits zusammen seid, aufgrund äußerer Umstände, wenig Zeit für deinen Partner. Auf jeden Fall geht es dir um ein Gespräch zwischen euch beiden.

Platz 3 – Der andere wartet entweder auf deinen Anruf, viel häufiger aber überlegt er sich dich anzurufen. Dein Partner steckt in einer stressigen Zeit aufgrund äußerer Umstände, und er könnte daher wenig Zeit für dich haben.

Platz 4 – Ihr werdet in Zukunft miteinander telefonieren oder sprechen. Wenn ihr also noch nicht zusammen seid, ist das ein gutes Zeichen. Seid ihr bereits zusammen, zeigen die Vögel lediglich eine stressige, sorgenvolle Phase, die allerdings so schnell wieder geht wie sie gekommen ist.

Platz 5 – Die Vögel als Rat deuten auf Gespräche hin, im Normalfall einen Anruf. Melde dich also beim Partner und spreche mit ihm.

13 Das Kind

Schlüsselworte: Naivität, Neuanfang, Unschuld, sagen was man denkt, Jugend, kleine Sachen, Kreativität, gute Ideen, Spiel
Person: (kleines) Kind bis etwa zum Abschluss der Pubertät
Charakter: naiv, unschuldig, unreif, sagen was man denkt, großes Verlangen nach Wissen, neugierig
Aussehen: hellblonde bis hellbraune Haare, zierliche, kleine Figur
Themenkarte: Kinderkarte, Neuanfang, Beginn, Unschuld

Deutungen für die Liebe

♥ Neue Beziehung/Liebe
♥ Neuanfang innerhalb einer bestehenden oder bestandenen Partnerschaft
♥ Naive Ansicht der Beziehung
♥ Beziehung steckt noch in den Kinderschuhen, ist in der Entwicklungsphase
♥ Jugendliebe
♥ Spielerisch auf den Partner zugehen

Das Kind ist eine wichtige Karte in Beziehungen. Seid ihr bereits zusammen und es funktioniert, ist sie ein Hinweis, dass ihr noch nicht allzu lange beisammen seid. Möchtest du zu deinem Ex-Partner zurück darfst du dich freuen, denn das Kind zeigt einen neuen Anfang. Nur sollten in diesem Fall alte Fehler nicht wiederholt werden, denn die Karte kann auch eine naive Ansicht und mangelnden Ernst anzeigen. Hattest du aber den Eindruck, der andere spielt mit dir, kann diese Karte leider die Bestätigung sein, aber nur dann, sonst wünscht der andere eine Beziehung mit dir. Das Kind kann aber auch für dich gelten und zeigt dir, dass du zu wenig Verantwortung für die Beziehung übernimmst. Gegebenenfalls solltest du daran arbeiten. Bist du allerdings Single, zeigt dir das Kind eine neue Beziehung, wobei nicht ausgeschlossen ist, dass es sich um einen Menschen handelt, den du bereits kennst oder mit dem du schon einmal zusammen warst. Ist ein Kind oder sind mehrere Kinder im Spiel ist dies die Karte hierfür. Liegt noch eine Zahlkarte, wie beispielsweise die Ruten (Anzahl 2), in der Legung, sind es zwei Kinder.

13 Das Kind das Legesystem

Platz 1 – Das Kind zeigt eine neue Beziehung, dass heißt ihr kennt euch erst kurz oder ihr seid vor kurzem wieder zusammen gekommen. Habt ihr ein gemeinsames Kind, steht dieses im Moment an erster Stelle. Das Kind zeigt auch das fröhliche, unbefangene das euch locker aufeinander zugehen lässt.

Platz 2 – Du siehst die Beziehung spielerisch und bist bereit dich auf ein Wagnis einzulassen. Seid ihr noch nicht zusammen, wünscht du dir definitiv eine neue Beziehung, seid ihr schon zusammen, machst du dir wohl Gedanken über einen Neuanfang oder hast einen Kinderwunsch.

Platz 3- Dein Gegenüber sieht die Beziehung spielerisch und ist bereit sich darauf einzulassen. Der andere sieht darin eine völlig neue Erfahrung, geht aber locker darauf zu. Seid ihr aber bereits zusammen, wünscht er sich einen Neuanfang, eventuell denkt er sogar über Familienplanung nach.

Platz 4 – Seid ihr noch nicht zusammen steht euch etwas Neues bevor. In der Regel macht ihr dann gemeinsam neue Erfahrung und kommt so zu neuen Einsichten. Meist endet dies schon in einer Beziehung, wenn ihr locker damit umgeht. Seid ihr bereits zusammen, können mit dem Kind ebenfalls neue Erfahrungen gemeint seid oder einfach die Entdeckung neuer Seiten am Partner. Steckt ihr in einer schwierigen Phase eurer Beziehung, meint das Kind kurz und deutlich einen Neuanfang.

Platz 5 – Das Kind rät spielerisch auf den anderen zuzugehen. Sei bereit für neue Ansichten und Einsichten, die dich im Leben weiterbringen werden. Nehme das Ganze locker und gehe intuitiv vor.

14 Der Fuchs

Schlüsselworte: Betrug, Hinterlist, Verrat, Mobbing, Schläue
Charakter: unehrlich, hinterlistig, nicht vertrauenswürdig
Aussehen: rote Haarfarbe, sehr schlanke Figur
Themenkarte: Lügen, Intrigen, Falschheit, Hinterlist, Mobbing, Schläue

Deutungen für die Liebe

♥ Betrug/Fremdgehen in der Partnerschaft
♥ Mangelnde Ehrlichkeit belastet die Beziehung
♥ Sich davon stehlen
♥ Den Partner betrügen oder selbst betrogen werden
♥ Belogen werden oder selbst lügen
♥ Im positiven Sinne durch Schläue den Partner überlisten
oder für sich gewinnen

Der Fuchs ist eine negative Karte, selbst im positiven Sinne hat er einen herben Beigeschmack. Es handelt sich um Betrug und List und zwar so, dass keiner als Sieger davon kommt. Betrügst du den anderen, solltest du dich ernsthaft fragen warum, wirst du betrogen, überlege dir warum dein Partner so etwas tut. Ist er unglücklich oder wurde einer von euch so verletzt, dass er dem anderen das zurückgeben möchte was er selbst erlebt hat. Nicht allzu selten geht es um Mobbing innerhalb der Beziehung, wenn einer den anderen schikaniert um ihn als den Schwächeren hinzustellen. Wenn du allerdings den anderen für dich gewinnen willst, kannst du dies mit Hilfe von Taktik erreichen, das ist die positive Seite des Fuchses. Aber wie gesagt nur mäßig positiv weil auch solche Dinge in einer ehrlichen und aufrichtigen Beziehung nicht nötig sind. Siehst du den Fuchs, sei also vorsichtig in jeglicher Hinsicht. Wenn du unsicher bist, lass es besser sein und wähle einen anderen Weg, zur Not auch einen anderen Partner. Der Fuchs ist immer ein Hinweis, dass etwas nicht stimmt.

14 Der Fuchs im Legesystem

Platz 1 – Hier läuft etwas falsch. Möglicherweise war einer von euch nicht ehrlich, ehrlich mit sich selbst oder ehrlich zum anderen, somit seid ihr auf dem falschen Weg angelangt. Diese Karte auf der ersten Position drängt grundsätzlich zur Überprüfung.

Platz 2 – Kann es sein, dass du dich unfair verhältst oder hast du das Gefühl, dein Gegenüber nimmt dich auf den Arm. Beides ist möglich wenn der Fuchs auf diesen Platz fällt. Vielleicht witterst du auch einen Betrug oder bist selbst in dieser Stellung. In jeden Fall läuft etwas falsch, in Gedanken oder in der Realität.

Platz 3 – Dein Gegenüber spielt nicht mit fairen Mitteln oder es geht konkret um Betrug. Vielleicht bist auch du selbst der Täter und der andere fühlt es bereits. Hast du aber bei deinem Gegenüber ein schlechtes Gefühl liegst du nicht falsch.

Platz 4 – Eure Beziehung läuft in die falsche Richtung und ihr seid nicht ehrlich zueinander. Habt ihr bis dato noch eine andere Beziehung nebenbei, wird es sehr schwierig für die hier gefragte Partnerschaft, weil Unehrlichkeit niemals zum richtigen Ziel führen kann.

Platz 5 – Sei ehrlich dem anderen aber auch dir selbst gegenüber. In manchen Fällen wird geraten, schlau und mit Intelligenz vorzugehen, um ans Ziel zu gelangen. Beide Möglichkeiten sind richtig.

15 Der Bär

Schlüsselworte: Mut, Kraft, Stärke, (Ur-) Vertrauen,
Gemütlichkeit, Ruhe, gezielte Aktion
Zeitfaktor: etwa 10 – 15 Jahre
Person: Amtsperson, Vorgesetzter, Anwalt, Richter, Steuerberater,
für verheiratete Frauen: Ehemann, älterer Mann
Charakter: mächtig, reif, gemütlich, mutig
Aussehen: braune Haare, braune Augen, sehr kräftig,
kann auch einfach durchtrainiert sein
Themenkarte: Chef, Vater, Stärke, Vertrauen, Macht, Mut

Deutungen für die Liebe

♥ Beziehung mit einem wesentlich älteren Mann
♥ Vertrauensvolle Beziehung
♥ Beziehung mit dem Chef oder Vorgesetzten
♥ Ehemann (nur wenn 2 Männer im Spiel sind)
♥ Mut auf den anderen zuzugehen
♥ Machmissbrauch innerhalb der Beziehung

Bist du eine Frau und verheiratet, stellt der Bär in fast allen Fällen deinen Ehemann dar. Bist du ein Mann, und mit einer Frau liiert, ist der Bär ihr Ehemann. Trifft keiner der beiden oben genannten Fälle zu, handelt es sich beim Bären um einen älteren Mann, oft ist ein erheblicher Altersunterschied festzustellen. Daher ist der Bär oft auch der eigene Vater. In allen anderen Belangen zeigt der Bär einfach nur die ruhige und gemütliche Beziehung in der eine vertrauensvolle Basis vorhanden ist. Erhältst du den Bären als Ratschlag kannst du den anderen mit einer gezielten Aktion für dich gewinnen, hierzu ist allerdings etwas Mut notwendig. In sehr seltenen Fällen zeigt der Bär den Machtmissbrauch innerhalb der Beziehung an, und zwar, wenn viele negative Karten im Legesystem zu finden sind. Wenn du das „Opfer" bist solltest du dich wehren, wenn aber du versuchst den anderen zu beherrschen, könntest du der Beziehung auf Dauer schaden.

15 Der Bär im Legesystem

Platz 1 – Möglicherweise blockiert ein anderer Mann die Beziehung. Ist dies völlig ausgeschlossen, versucht einer von euch beiden eine Machtposition innerhalb der Beziehung zu erlangen, vielleicht auch den anderen (unbewusst oder bewusst) zu etwas zu zwingen.

Platz 2 – Du bist mutig und bereit die Verantwortung zu übernehmen lässt dir aber trotzdem eine gewisse Gemütlichkeit anmerken, weil du voller Vertrauen und gezielt vorgehst. Ob du nun ein Mann oder eine Frau bist, in fast allen Fällen beeinflusst ein anderer Mann die Beziehung, fast immer ist mit dem Bären der Ehemann gemeint. Wenn dies der Fall ist, übt er einen großen Einfluss auf eure Beziehung aus. Achtung, der Bär kann auch der Vater sein.

Platz 3 – Dein Partner ist stark, mutig und bereit auf dich zuzugehen. Er ist, vor allem wenn er ein Mann ist, vertrauensvoll und trotzdem gemütlich. Oft aber ist mit dem Bären der Ehemann der weiblichen Seite gemeint, der die Beziehung beeinflusst, wenn nicht gar verhindert. Bist du als Frager nun eine Frau und dies ist die Position deines Partners, sei dir bewusst, dass der Ehemann deinem Partner ein Dorn im Auge ist. Es ist besser, wenn mit dem Bären der Vater gemeint ist.

Platz 4 – Eure Beziehung wird sehr kraftvoll und voller Vertrauen sein, aber eher etwas ruhiger, mit klaren Zielen ausgestattet. Vorsichtig müsst ihr nur sein, wenn ein anderer Mann die Beziehung beeinflusst, denn dieser könnte zukünftig eine große Rolle spielen.

Platz 5 – Sei mutig, stelle dich der Herausforderung auch wenn du etwas tun musst, was du bisher noch nie getan hast. Du wirst sehen, wenn du gezielt vorgehst, wirst du erfolgreich sein.

16 Die Sterne

Schlüsselworte: Durchblick, Klarheit, Spiritualität, Erfolg, Astrologie
Zeitfaktor: nachts, etwa solange man die Sterne sehen kann
Charakter: spirituell, kann andere gut aufheitern, bemutternd
Aussehen: blonde Haare, schlanke Figur
Themenkarte: Klarheit, Spiritualität, Religion, Einsicht

Deutungen für die Liebe

♥ Klarheit in Bezug auf eine Beziehung
♥ Tiefe Verbundenheit zwischen den Partnern
♥ Erfolgreiche, positive Partnerschaft
♥ Gemeinsam etwas verwirklichen
♥ Erfüllte, vollkommene Partnerschaft
♥ Glück in Beziehungsangelegenheiten

Die Sternenkarte ist sehr positiv und verspricht eine erfüllte Beziehung und ein unsichtbares Band, dass die Partner zusammen schweißt. Für Partnerschaften zeichnen sich die Sterne durch klare, ehrliche Worte aus, sowie offene Gespräche. Egal in welcher Position du die Sterne findest, und egal wie viele negative Karten du auch finden kannst, die Sterne schwächen diese Karten ab.

Auf problematischen Positionen die eine Lösung erfordern zeigen die Sterne Klarheit oder auch Klärung. Steckst du in einer verzwickten Lage und diese Karte erscheint in der Endposition, wird sich die Sache aufklären und ein gutes Ende nehmen.

Für Treffen zwischen den Partnern zeigen die Sterne die nächtliche Zusammenkunft an.

Insgesamt darfst du die Sterne aber als Glückskarte sehen, die dich aus manchen schwierigen Situationen befreien kann.

16 Die Sterne im Legesystem

Platz 1 – Momentan seid ihr erfolgreich mit eurer Beziehung oder mit dem Verlauf dieser Angelegenheit. Ihr seid euch klar was ihr wollt, auch was ihr innerhalb oder mit der Beziehung erreichen wollt und eure Einstellung scheint in dieselbe Richtung zu gehen.

Platz 2 – Du siehst in dieser Beziehung die Chance dein großes Glück zu erhalten. Du bist auch bereit eventuelle Unklarheiten beiseite zu räumen und dich voll auf den anderen einzulassen. Du zeigst dich dem anderen glücklich und zufrieden.

Platz 3 – Dein Partner sieht die Beziehung als sein Glück und ist bereit, sich mit Haut und Haar darauf einzulassen. Er setzt große Hoffnung in dich und ist bereit eventuelle Unklarheiten beiseite zu räumen und somit den Weg für euer Fortkommen zu ebnen. Er scheint glücklich und zufrieden zu sein.

Platz 4 – Eure Beziehung steht unter einem guten Stern. Der Erfolg wird nicht lange auf sich warten lassen. Solltet ihr in einer unliebsamen Situation feststecken, wird diese Situation besser, als gedacht gelöst werden. Ihr werdet genau die Klarheit erhalten die ihr braucht.

Platz 5 – Kläre für dich ab welchen Weg du einschlagen willst. Du weißt um deinen Erfolg und bist dir doch schon sicher, dass dein Vorhaben erfolgreich sein wird.

17 Die Störche

Schlüsselworte: Veränderung, Wandel, Nachwuchs, Flexibilität, Umzug, Unsicherheit
Zeitfaktor: nicht berechenbar
Person: liebevolle, umsorgende Frau zwischen 20 und 40 Jahren
Charakter: flexibel, quirlig, immer auf Achse, will keine festen Bindungen, Probleme sind sich an Regeln zu halten
Aussehen: weiße (graue) bis braune Haar (oft Wechsel der Haarfarbe), sehr schlanke Figur
Themenkarte: Veränderung, Bewegung, Umzug

Deutungen für die Liebe

♥ Flexible Bindung, nicht fest zusammen
♥ Sich nicht komplett auf die Beziehung einlassen
♥ Offene Beziehung
♥ Veränderung in Beziehungsangelegenheiten
♥ Unsichere Gefühle

Ja, die Störche können Nachwuchs bringen, nur ist das nicht die einzige Aussage. Wenn ihr noch nicht zusammen seid, will sich einer von euch beiden nicht so richtig auf eine Beziehung einlassen. Es ist eine Veränderung notwendig damit die Partnerschaft überhaupt funktionieren kann. Das gilt übrigens auch wenn ihr bereits ein Paar seid. Es stehen Veränderungen an, möglicherweise sprecht ihr auch über Familienplanung. In Verbindung mit dem Haus ist in Beziehungsangelegenheiten fast immer das gemeinsame Wohnen gemeint.
Als Ratschlag meinen die Störche du sollst etwas verändern. Dann bekommst du was du dir vorstellst. Überlege dir also genau in welchen Punkten du bereit wärst eine Veränderung zuzulassen.
Findest du aber die Störche bei einer Person oder auch auf der Position einer Person, will derjenige sich nicht fest einlassen und vorerst flexibel bleiben.

17 Die Störche im Legesystem

Platz 1 – Eure Beziehung ist offen und es sieht so aus, dass momentan nicht festgelegt ist, wohin ihr gemeinsam gehen werdet. Seid ihr aber bereits zusammen, könnte es sich auch um eine gemeinsame Wohnung oder Familienplanung handeln. In jedem Fall wäre eine Entscheidung fällig.

Platz 2 – Du wirkst flexibel möchtest die Beziehung vielleicht anfangs sogar eher etwas locker gestalten. Die andere Seite wäre, gleich mit der Türe ins Haus zu fallen und Familienplanung und eine gemeinsames Zuhause anzusprechen. Natürlich ist die zweite Möglichkeit eher für feste Beziehungen gemeint. Welche der Wege nun besser zu dir passt kannst du dir aussuchen. Wenn du eine Frau bist, könntest du das Gefühl haben, dass dir eine andere Frau im Weg steht. Bist du ein Mann, denke darüber nach, ob dir eventuell eine andere Frau im Weg steht.

Platz 3 – Dein Partner möchte sich noch nicht fest auf eine Beziehung einlassen und vorerst eine lockere Verbindung führen, bis der Weg sich abgezeichnet hat, wohin ihr gemeinsam gehen wollt. Seid ihr aber schon beisammen, wünscht er sich zwar Freiheit aber auch eine Familie mit allem was dazugehört. Wenn dein Partner ein Mann ist, könnte eine andere Frau eine Rolle spielen, wenn auch nur in Gedanken.

Platz 4 – Ihr werdet, wenn ihr noch nicht zusammen seid, eine eher lockere Beziehung führen. Das wird nur funktionieren, wenn ihr euch dessen bewusst und einig seid. Möglicherweise könnte das mit einer anderen Frau zusammenhängen.

Platz 5 – Verhalte dich flexibel und rechne mit allem, auch damit, schnell abzuspringen, wenn sich dir eine bessere Gelegenheit bietet. Wenn ihr aber bereits zusammen seid, wäre nun die richtige Zeit über ein gemeinsames Zuhause nachzudenken.

18 Der Hund

Schlüsselworte: Treue, Freundschaft, Schutz, Sicherheit, Verlässlichkeit, bedingungslose Liebe, Dienstleistung
Zeitfaktor: sehr lange
Person: Freund/in oder Bekannte/r, geschlechtsneutral
Charakter: treuer, guter Freund, verlässlich, liebenswürdig
Aussehen: dunkelblonde Haarfarbe, athletische schlanke Figur
Themenkarte: Freund/n, Freundeskreis, Treue, Zuverlässigkeit

Deutungen für die Liebe

♥ Freundschaftliche Bindung
♥ Freundschaft und Liebe gehen Hand in Hand
♥ Treue innerhalb der Beziehung
♥ Platonische Beziehung

Der Hund ist ein treuer Gefährte des Menschen. Auch in Partnerschaften zeigt der Hund die Treue und Anhänglichkeit. Man findet ihn meist in schon länger bestehenden Beziehungen, vor allem wenn sich zwischen den Partner auch eine tiefe Freundschaft entwickelt hat. Hier liegt auch schon die Schwierigkeit des Hundes: platonische Beziehungen. Diese sind nicht unbedingt schlecht weil ein anderer Sinn dahintersteckt. Eine platonische Beziehung zwischen den Partnern ist ein Hinweis auf tiefes Vertrauen.

Seid ihr noch nicht zusammen, hast du in deinem Wunschpartner einen Partner und Freund fürs Leben gefunden. Der Spruch: „Ein Freund zum Pferde stehlen" trifft die Aussage des Hundes mit wenigen Worten.

Schwierig wird es nur dann, wenn der Hund einen anderen Mann symbolisiert der die Beziehung stört. Der Hund kann ein ernsthafter Konkurrent sein.

Du musst aufpassen, denn wenn du eine Frau bist und zudem verheiratet, könnte der Hund deinen Ehemann zeigen und zwar genau dann, wenn ihr eine freundschaftliche Ehe führt. Sollte dies zutreffen ist die Ehe schwer zu lösen.

18 Der Hund im Legesystem

Platz 1 – Eure Beziehung scheint über eine Freundschaft zu entstehen. Sei also nicht verwirrt wenn ihr euch momentan eher freundschaftlich begegnet. Vielleicht ist dein Partner ein guter Freund oder eine Freundin und ihr landet in einer Beziehung, weil ihr euch verliebt habt. Seid ihr aber bereits zusammen prägt eine treue und sichere Ausgangslage eure Situation positiv.

Platz 2 – Du sieht in deinem Partner einen guten Freund und du bist ihm treu. Sofern der Hund keinen anderen Mann zeigt stellt der Partner für dich eher einen platonische Freund dar, weniger das riesen Kribbeln im Bauch. Vielleicht hast du auch das Gefühl, es besser nur bei einer guten Freundschaft zu belassen.

Platz 3 – Dein Partner sieht in dir einen guten Freund und er weiß um deine Treue. Es könnte allerdings auch sein, dass er Gefahr wegen eines anderen Mannes wittert. Möglicherweise sieht er die Partnerschaft momentan eher als Freundschaft und wenn ihr noch nicht zusammen seid, möchte er es auch dabei belassen. Sollte dein Partner ein ruhiger Kamerad sein, passt jedoch solch ein Beziehungsbild, wie es der Hund repräsentiert, sehr gut zu ihm.

Platz 4 – Zwischen euch wird sich eine gute Freundschaft entwickeln, und nur wenn ihr genügsam seid, könnte es für eine Partnerschaft ausreichen. Es wäre eher eine platonische Beziehung.
In manchen Fällen aber, vor allem wenn ein Ehemann der weiblichen Seite eine Rolle spielt, scheint die Entscheidung eher in diese Richtung zu tendieren. Vielleicht ist es notwendig diese Beziehung vorerst nur bei einer Freundschaft zu belassen, weil für euch noch nicht der richtige Zeitpunkt gekommen ist.

Platz 5 - Verhalte dich wie ein guter Freund. Halte die Treue und bleib am Ball. Versuche den anderen über eine Freundschaft für dich zu gewinnen. Ist der Partner die treibende Kraft, halte vorerst ein freundschaftliches Verhältnis, alles weitere wird sich ergeben, wenn die Zeit dafür gekommen ist.

19 Der Turm

Schlüsselworte: Rückzug, Isolation, Einsamkeit, großes Gebäude, Trennung
Charakter: egoistisch, rücksichtslos, schüchtern, ruhig,
verklemmt, Einzelgänger
Aussehen: graue Haare, sehr groß und schmale Figur
Themenkarte: Grenzen, Selbstständigkeit, Isolation, Rückzug

Deutungen für die Liebe

♥ Distanz zwischen den Partnern
♥ Trennung
♥ In einer Beziehung einsam sein
♥ Einzelgänger trotz Partnerschaft
♥ Partner zieht sich zurück

Der Turm ist mit Vorsicht zu genießen. Er zeigt Trennungen, Distanz und Rückzug an. In Endpositionen der kleinen Systeme wird sich einer von beiden distanzieren oder gar die Beziehung beenden. Möglicherweise auch beide weil ihr bemerkt, dass ihr doch nicht so gut zusammen passt.

Egal ob nun in großen oder kleinen Legesystemen, der Turm ist immer ein Hinweis auf Schwierigkeiten, außer, wenn einer der Partner noch verheiratet ist, dann könnte er die Trennung vom Ehepartner anzeigen.

Die zweite „positive" Deutung des Turmes gilt für Auslandsbeziehungen. Hier herrscht eine unfreiwillige Distanz.

Der Turm kann allerdings auch positiv sein, wenn du nicht weißt ob du dich trennen sollst oder die Beziehung weiterführen sollst. In dem Fall rät der Turm zur Trennung. Das verhält sich ähnlich wenn einer der Partner klammert. Hier fordert der Turm etwas mehr Distanz.

Wenn du als Ratschlag den Turm ziehst, solltest du dich zurückziehen und dir über dich selbst Gedanken machen. Überprüfe deine Ziele!

19 Der Turm im Legesystem

Platz 1 – Ihr lebt auf Distanz, vielleicht ist sogar der Kontakt unterbrochen und ihr seid so gut wie getrennt. Der Turm ist keine gute Ausgangssituation, weil er den Rückzug, die Trennung und Distanz zwischen euch zeigt. Ist allerdings einer von euch verheiratet oder lebt noch in einer festen Bindung, könnte der Turm auch die Trennung von einer alten Beziehung anzeigen.

Platz 2 – Du befindest dich in einer Trennungssituation oder du hast dich vom anderen distanziert. Du bist vorsichtig und hältst dich sehr zurück. Vielleicht möchtest du auch die Trennung weil du noch verheiratet bist, und gerne ein neues Leben beginnen möchtest.

Platz 3 – Dein Partner hat sich entweder von dir distanziert oder er ist einfach nur sehr vorsichtig aufgrund früherer Erlebnisse in Partnerschaften. Seid ihr bereits zusammen, könnte er auch den Wunsch nach einer Trennung haben. Wenn der Partner aber noch gebunden ist, spricht es dafür, dass er sich in einer Trennungssituation befindet.

Platz 4 – Für eure Beziehung ist eine Trennung von jemanden notwendig, damit es funktionieren kann, oder aber ihr werdet euch definitiv trennen und voneinander distanzieren. Der Turm als Endposition ist kein gutes Zeichen, da er auch das Alleinsein symbolisiert.

Platz 5 – Ziehe dich zurück, übe dich in Vorsicht und handle erst wenn du dir ganz sicher bist. Gehe in dich, um dir zu überlegen was dir gut tut. Wenn keine andere Möglichkeit mehr besteht, rät die Karte auch zur Trennung.

20 Der Park

Schlüsselworte: Öffentlichkeit, Freundeskreis, Veranstaltung, große Menschenansammlung
Zeitfaktor: 10 – 12 Wochen
Person: eine große Gesellschaft, Clique, das Umfeld, gerne im Mittelpunkt
Aussehen: alle Blondtöne möglich, gut genährt aber nicht dick
Themenkarte: Öffentlichkeit, Gesellschaft, Feier, Veranstaltung

Deutungen für de Liebe

♥ Treffen mit dem Partner/Wunschpartner
♥ Hochzeit
♥ Gemeinsamer Freundeskreis
♥ Beziehung öffentlich machen
♥ Sich zum anderen bekennen

Der Park ist die typische Date-Karte. Wartest du auf ein Treffen mit dem anderen, könnte es nun soweit sein, wenn du diese Karte ziehst. Wie das Treffen verläuft, darüber sagt sie allerdings nichts aus. In den Karten die du beim Park findest kannst du eventuell sehen wo und wann das Treffen statt findet. Wird es ein nächtliches Treffen sein oder eher zufällig? In kleinen Legesystemen ziehe eine weitere Karte, im großen Legesystem sehe dir die Karten um den Park herum an. Das ist vor allem wichtig wenn du Single bist, schließlich musst du doch wissen wo du deiner neuen Liebe begegnen wirst.

Falls ihr bisher eine geheime Beziehung führt ist der Park ein Hinweis auf das „öffentlich-machen" dieser Beziehung. Vielleicht lernst du auch die Freunde deines Gegenübers kennen.

Seid ihr schon zusammen handelt es sich nicht um ein gewöhnliches Treffen. Vielleicht geht ihr mal wieder schön essen oder ins Kino, es wird einfach etwas Besonderes sein.

20 Der Park im Legesystem

Platz 1 – Es scheint ihr habt euch getroffen oder steht kurz davor. Die Karte zeigt zwar nicht wie dieses Treffen verlaufen ist, jedoch kann man es als den ersten Schritt in eine Beziehung ansehen, wenn die weiteren Karten in den Positionen eher positiv sind. Habt ihr euch erst vor kurzem getroffen, zeigen die weiteren Karten euren Eindruck von diesem Treffen an. Seid ihr bereits zusammen könnte der Park einerseits auf eine Hochzeit, aber auch auf das öffentliche Bekennen zu der Beziehung stehen. Vielleicht habt ihr nahestehende Menschen gemeinsam getroffen.

Platz 2 – Du möchtest dich gerne mit deinem Wunschpartner treffen und übernimmst auch gerne die Initiative, damit das Treffen zustande kommt. Seid ihr bereits zusammen, möchtest du einen Schritt weitergehen und den neuen Partner gerne im Freundeskreis oder den Eltern vorstellen. Seid ihr aber schon etwas länger beisammen, könnte der Park den Wunsch nach einer Hochzeit zeigen. In weniger spektakulären Fällen meint der Park einen schönen Abend indem ihr essen geht oder anderweitig ausgeht.

Platz 3 – Dein Gegenüber würde sich gerne mit dir treffen und die Beziehung öffentlich leben, je nachdem, wie weit ihr bereits gekommen seid. Möglicherweise erhältst du eine Einladung für einen schönen Abend. Seid ihr noch nicht zusammen, wünscht der andere sich den persönlichen Kontakt mit dir und möchte gerne mit dir ausgehen.

Platz 4 – Seid ihr noch nicht zusammen, werdet ihr euch treffen, das wird der erste Schritt sein, danach könnte es an der Zeit sein die Karten neu auszulegen, weil die Eindrücke von beiden Seiten sich verändert haben. Seid ihr aber bereits zusammen, könnte eine Hochzeit oder ein schöner Abend gemeinsam anstehen.

Platz 5 – Vereinbare ein Treffen mit dem Wunschpartner und ergreife die Initiative. Wenn du noch Single sein solltest, gehe an die Öffentlichkeit und lerne neue Menschen kennen. In allen anderen Fällen bedeutet diese Karte als Ratschlag, viel mit dem Partner zu unternehmen.

21 Der Berg

Schlüsselworte: Blockaden, Hindernisse, für/um
etwas kämpfen, Umwege, Grenze
Person: Chef/in, Vorgesetze/r
Charakter: blockiert, negatives Denken, langsam, hart,
kalt, gehemmt, schwerfällig
Aussehen: weiße bis graue Haarfarbe, dicke (manchmal sehr dicke) Figur
Themenkarte: Blockaden, Umwege, Schwierigkeiten,
Frustrationen, Hindernisse

Deutungen für die Liebe

♥ Beziehung ist blockiert
♥ Verzögerung in Beziehungsangelegenheiten
♥ Wunschpartner hat kein Interesse
♥ Sich nicht auf den anderen einlassen
♥ Frustrierende Partnerschaft/Beziehung
♥ Um die Beziehung kämpfen (müssen)

Der Berg ist eine schwierige Karte. Sie zeigt Hemmnisse, Schwierigkeiten und einen steinigen Weg an. Diese Karte sehe ich in Legungen sehr oft wenn ein anderer Mensch den Weg in die Beziehung versperrt oder es andere Hindernisse wie beispielsweise eine große Distanz zwischen den Partner gibt.

Wenn ihr noch nicht zusammen seid, ist etwas Arbeit und Geduld notwendig damit es klappen kann. Zudem solltest du damit rechnen, dass nicht alles perfekt verläuft. Möglicherweise ist auch einer von euch stur und beharrt auf seiner Position.

Seid ihr bereits zusammen gibt es Schwierigkeiten. Vielleicht handelt es sich um belanglose Dinge im Zusammenleben, wenn einer der Partner eine schlechte Angewohnheit nicht aufgeben möchte und sich stur stellt. Die Schwierigkeiten können aber auch anderen Ursprungs sein. Es wären zu viele um alle diese Möglichkeiten hier aufzuzählen. Wichtig ist nur deren Beseitigung, beziehungsweise Klärung. Auf der Partnerposition in kleinen Legesystemen ist diese Karte aber auch ein Hinweis auf Hemmungen des anderen. Vielleicht musst einfach du den ersten Schritt machen.

21 Der Berg im Legesystem

Platz 1 – Eure Beziehungsangelegenheit ist einigen Hindernissen und Schwierigkeiten unterworfen. Möglicherweise blockiert eine andere Person die Beziehung und legt euch Steine in den Weg. Wenn ihr bereits zusammen seid, müsst oder musstet Umwege gehen um die Beziehung voranzubringen. Wenn du Single sein solltest oder längere Zeit warst, scheinst du etwas gehemmt auf eine neue Partnerschaft zuzugehen.

Platz 2 – Du bist gehemmt und scheinst in Schwierigkeiten zu stecken. Vielleicht macht es dir auch zu schaffen, dass die Beziehung still steht oder hast du etwa den Kontakt abgebrochen? In jedem Fall scheint es deinerseits Hindernisse zu geben. Es kann auch daran liegen, dass ein anderer Mensch die Beziehung blockiert und für dich ein ernsthaftes Problem darstellt.

Platz 3 – Dein Gegenüber ist gehemmt und steckt in Schwierigkeiten. Der Partner sieht die Steine im Weg und ist darüber alles andere als glücklich. Es könnte auch sein, dass für den anderen die Schwierigkeit in einer Person liegt, die die Beziehung beeinflusst. Möglicherweise aber blockiert er sich selbst.

Platz 4 – In Bezug auf eure Beziehung wird es mehrere Schwierigkeiten geben, deren Beseitigung einigen Kraftaufwand erfordern wird. Sehr oft endet eine Beziehung, mit dem Berg auf dieser Position, in einer Sackgasse. Wenn du also merkst dass die Schwierigkeiten sehr groß sind, sei lieber etwas vorsichtig.

Platz 5 – Wenn der Einfluss auf eure Beziehung seitens einer Person außerhalb der Beziehung sehr mächtig ist, warte lieber auf einen besseren Zeitpunkt. Wenn du aber weißt, es handelt sich um Schwierigkeiten die ihr beseitigen könnt, solltest du damit beginnen.

22 Die Wege

Schlüsselworte: Entscheidung, kleine Prüfungen
Zeitfaktor: 6 – 7 Wochen
Stückzahl: 2
Person: junge Frau maximal 40 Jahre alt
Charakter: durchsetzungsfähig, entschlossen, denkt viel nach
Aussehen: braun mit hellen Strähnen, dünne Figur
Themenkarte: Entscheidungen, Wahlmöglichkeit

Deutungen für die Liebe

♥ Entscheidung in der Beziehung
♥ Gemeinsame Entscheidung treffen
♥ Zwischen 2 Stühlen sitzen
♥ Sich zwischen mehreren Partnern entscheiden müssen
♥ Auf den anderen zugehen

Die Wege zeigen grundsätzlich Entscheidungen, auch unliebsame. Diese Karte tritt in meinen Legungen sehr häufig auf wenn man sich zwischen 2 oder mehr Menschen entscheiden muss. Oftmals kommt eine Beziehung erst nach einer Entscheidung zustande. Selbst wenn keine andere Person damit gemeint ist, können die Wege die verbindliche Entscheidung füreinander anzeigen die notwendig ist.

Ist die aktuelle Lage schwierig, können die Wege den gewünschten Ausweg anzeigen, den du in diesem Fall auch finden wirst. Die Wege können daher auch eine Glückskarte sein, vor allem wenn sich die Lage etwas verzwickt gestaltet.

Als Hinweis solltest du deine Wahl genau abwägen und dir überlegen ob der eingeschlagene Weg für dich (noch) stimmig ist. Ist das nicht der Fall schlage einen neuen Weg ein. Auch Entscheidungen sind nicht für die Ewigkeit und du kannst jederzeit wieder „um-entscheiden".

22 Die Wege im Legesystem

Platz 1 – In eurer Beziehung ist eine Entscheidung notwendig oder ihr entscheidet momentan ob ihr füreinander gemacht seid. Wenn eure Beziehung erst kurz besteht, zeigen die Wege, dass ihr euch entschieden habt gemeinsame Wege zu gehen und nun weiter planen wollt.
Die Wege können auch eine Frau zeigen, die mit dieser Beziehung zu tun hat oder diese Beziehung beeinflusst.

Platz 2 – Du stehst vor einer Entscheidung die für oder gegen den anderen ausfallen kann. Möglicherweise gibt es noch einen zweiten Menschen und du stehst zwischen den Stühlen. Auf jeden Fall scheint die Wahl füreinander deinerseits noch nicht endgültig zu sein. Egal ob du ein Mann oder eine Frau bist, spielt vielleicht eine andere Frau eine Rolle in dieser Beziehung.

Platz 3 – Dein Partner hat sich noch nicht endgültig für euch entschieden oder er sitzt zwischen den Stühlen. Wenn dein Gegenüber ein Mann ist könnte eine andere Frau eine Rolle spielen. In jeden Fall stehen für den anderen alle Wege noch offen. Die Entscheidung kann mit anderen positiven Karten für dich ausfallen.

Platz 4 – Auf euch wird eine Entscheidung zukommen, die mit positiven Karten füreinander, mit negativen Karten gegeneinander ausfallen wird. In manchen Fällen ist mit dieser Karte auch bereits der gemeinsame Weg angezeigt. In anderen Fällen wird eure Beziehung von einer anderen Frau beeinflusst.

Platz 5 – Die Karte ist als Ratschlag ein Hinweis sich zu entscheiden. Wäge ab welchen Weg du einschlage möchtest und gehe ihn konsequent. Vergesse aber niemals deine innere Stimme.

23 Die Mäuse

Schlüsselworte: Diebstahl, Verlust, Mangel, Trennung von etwas
Zeitfaktor: Zeit geht verloren, Zeit ist vergeudet
Person: Dieb
Charakter: mit sich unzufrieden, besorgt
Aussehen: graue oder blonde Haare, klein und feingliedrige Figur
Themenkarten: Verlust, Mängel, was einer Person Sorgen macht

Deutungen für die Liebe

♥ Verlust des Partners
♥ Sich Sorgen wegen einer Beziehung machen
♥ Jemanden ausspannen
♥ Geben und Nehmen sind nicht im Gleichgewicht
♥ Mangelhaftes Fundament in einer Partnerschaft
♥ Etwas geht verloren in der Beziehung (z.B. Vertrauen)

Die Mäuse sind mit Vorsicht zu genießen. Sie fressen die Vorräte des Menschen und sind somit kleine Diebe. In kleinen Legesystemen zeigen sie Kummer, Sorgen und Verlust (-ängste). In der Endposition des kleinen Systems nimmt die Sache kein gutes Ende, denn es geht etwas verloren. Das kann die Liebe sein, die Beziehung oder auch der Partner. Findest du im großen System die Mäuse zwischen dir und deinem Partner geht ebenfalls etwas verloren. Was es ist, findest du vor der Maus, also dort, wo sie hinschaut. Das Positive aber: Die Mäuse nehmen auch negative Karten weg. Wenn also eure aktuelle Lage eher negativ aussieht zeigen die Mäuse den Verlust des Problems. Im großen System können sie ebenfalls negative Karten „auffressen". So wird auch aus dem großen Hindernis des Berges auf einmal freie Fahrt, die Sorgen des Sarges verschwinden. Achte also immer darauf was verschwindet.
Seid ihr noch nicht zusammen und du findest die Mäuse auf der aktuellen Position besteht ein Mangel. Das kann Kontaktarmut sein, Mangel an Liebe oder es mangelt an Bindungswilligkeit.

23 Die Mäuse im Legesystem

Platz 1 – In Beziehungsangelegenheiten stehen momentan für beide Partner Sorgen und Verluste an der Tagesordnung. Vielleicht habt ihr bemerkt, dass ihr nicht füreinander geschaffen seid und trennt euch nun wieder voneinander. Vielleicht wolltet ihr euch verabreden und dies ist nicht zustande gekommen. Nun seid ihr traurig über diesen Verlust. Nicht selten kommt es in festen Partnerschaften oder Ehen vor, dass über die Zeit hinweg das Gefühl nachgelassen hat und eine kalte Stimmung entstanden ist.

Platz 2 – Du machst dir Sorgen und merkst, dass dir etwas fehlt. Der Mangel kann mit dem Partner zu tun haben, jedoch auch mit dir selbst. Du überlegst dir nun dich zu verabschieden um wieder frei für eine neue Beziehung zu sein. Vielleicht wurde dir dein Wunschpartner auch ausgespannt. Seid ihr schon beisammen bemerkst du auch in diesem Fall dass dir etwas fehlt und du nicht glücklich bist.

Platz 3 – Dein Gegenüber macht sich Sorgen und derjenige hat bemerkt dass zwischen euch etwas fehlt oder der Funke (noch) nicht übergesprungen ist. Es kann gut sein, dass er sich überlegt die Beziehung wieder zu verlassen, dies gilt auch wenn ihr bereits zusammen seid.

Platz 4 – Leider sieht die Zukunft nicht gerade rosig aus und es kann gut sein, dass ihr auseinander geht, wenn ihr nicht versucht den Mangel, der entstanden ist, zu beheben. Euch könnte bewusst werden, dass ihr etwas aufgeben müsst um diese Beziehung zu halten. Hier kommt es darauf an, wie und ob ihr die entstehenden Mängel, Sorgen und Probleme beheben könnt. Leider, aus der Erfahrung heraus, gehen die meisten Beziehung mit den Mäuse auf dieser Position zu Bruch.

Platz 5 – Mache dich auf einen Mangel gefasst, beziehungsweise überlege dir welche Gegebenheit diesen Mangel verursacht hat und wie du ihn beheben könntest. Schiebe die Probleme nicht zu Seite.

24 Das Herz

Schlüsselworte: Liebe, Herzlichkeit, Harmonie, Zuneigung, Wertschätzung
Person: Mann bis 40 Jahre
Charakter: herzlich, liebevoll, romantisch
Aussehen: hell- bis dunkelrote Haare auch Mahagoni, dicke, runde Figur
Themenkarte: Gefühle, Liebe, Zuneigung

Deutungen für die Liebe

♥ Liebe in der Beziehung
♥ Herzliche Beziehung
♥ Partnerschaft voller Zuneigung und Gefühl
♥ Romantik

Die wohl wichtigste Karte wenn es um die Liebe geht. Findest du diese Karte auf der Position des Partners kann ich dir gratulieren. Dein Gegenüber ist verliebt, beziehungsweise wirst du geliebt.

Du solltest aber im großen Legesystem darauf achte, dass das Herz möglichst unversehrt bleibt, also wenig negative Karten in dessen Nähe zu finden sind. Findest du beim Partner den Sarg mit dem Herz hat er Liebeskummer und er ist traurig. Liebeskummer entsteht aber nur wenn auch Liebe vorhanden ist!

Wenn ihr noch nicht zusammen seid, bleibt das Herz bei seiner positiven Aussage, es hat gefunkt. Findest du im großen Legesystem das Herz zwischen dir und deinem Partner seid ihr ineinander verliebt.

Das Herz hat in Endpositionen, egal um welches Thema es geht, die Aussage das alles gut wird. Du wirst dein Ziel erreichen oder eine Situation entwickelt sich zum Positiven.

24 Das Herz im Legesystem

Platz 1 – Das Herz an Position 1 ist das Beste was passieren kann. Zwischen euch, und zwar gegenseitig, sind auf jeden Fall Gefühle im Spiel und das ist der Grundstein aller Partnerschaften. Das Herz deutet noch nicht auf eine Beziehung hin, dies zeigt der Ring, jedoch habt ihr die besten Voraussetzungen für eine erfolgreiche Beziehung.

Platz 2 – Du bist definitiv in dein Gegenüber verliebt. Achte darauf, dass du diese rosarote Brille irgendwann abnehmen musst. Mit dieser Voraussetzung, egal ob ihr zusammen seid oder noch nicht, kann deinerseits fast nichts schief gehen. Prüfe aber auf jeden Fall Position 3 um zu wissen, ob dein Partner ähnlich fühlt wie du.

Platz 3 – Super, dein Gegenüber ist in dich verliebt. Der erste Schritt ist somit getan. Auch in bereits bestehenden Beziehungen ist das Herz auf dieser Position ein gutes Zeichen, denn nun weißt du, dass du ehrlich und aufrichtig geliebt wirst. Prüfe auch Position 2, deine Position, ob auch deinerseits gute Voraussetzungen vorliegen.

Platz 4 – Ihr werdet euch verlieben, wenn das nicht bereits geschehen ist und somit entsteht der Idealfall für Beziehungen. Schau dir aber auch die anderen Karten an, damit du weißt, ob es auch eine feste und sichere Beziehung ist, oder eben nur eine Affäre. Liebe und Zuneigung sind aber in jedem Fall vorhanden.

Platz 5 – Sei herzlich und liebevoll mit deinem Partner, vor allem wenn er eine schwierige Phase durchstehen muss. Er braucht momentan viel Liebe und Zuneigung. Für alle anderen Möglichkeiten rät dir das Herz auf deinen Bauch, beziehungsweise auf dein Gefühl, zu hören.

Wichtige Kombinationen zum Thema Liebe

Reiter & Herz

Neue Liebe
Neue Chance in der Liebe
Neue Begegnung
Liebesbekenntnis/Liebesbrief
Liebe zu einem erheblich jüngeren Mann
Eventuell der Liebhaber

Klee & Herz

Glückliche Phase in der Liebe
4 Wochen lang Glück in der Liebe

Schiff & Herz

Sich verlieben
Die Liebe kommt auf dich zu
Sehnsucht weil man verliebt ist
Sich während einer Reise verlieben/Urlaubsliebe
Flitterwochen

Haus & Herz

Stabile Liebe
Familiengründung mit dem/der Liebsten
Liebe fürs Leben
Liebe zu einem häuslichen, bodenständigen Mann
Die Liebe festigen

Baum & Herz

Liebe fürs Leben
Langeweile in der Liebe
Heilung durch die Liebe
Liebe über eine lange Zeit

Wolken & Herz

Allgemein: Liebe zum Ex-Partner

Helle Seite
Gefühle sind unbewusst
Wunschdenken in der Liebe
Unsicherheit in der Liebe
sich seiner Gefühle nicht sicher sein

Dunkle Seite
erhebliche Schwierigkeiten in der Liebe
Liebeskummer, unerfüllte Liebe

Schlange & Herz

Eifersucht
Liebe zu einer älteren Frau
Ältere Dame ist verliebt
Liebe auf Umwegen

Sarg & Herz

Liebeskummer
Ende der Liebe
Schwierige Beziehung
Nach einem Ende in der Liebe wieder Neuanfang

Blumen & Herz

Großes Glück in der Liebe
Überraschung in der Liebe
Frisch verliebt
Liebe zu einer sehr jungen Frau

Sense & Herz

Herz vor der Sense
plötzliches Ende einer Liebe
Ende der schönen Zeit

Herz hinter der Sense
Liebe auf den ersten Blick
Unerwartet schöne Zeit

Ruten & Herz

Schmetterlinge im Bauch (nur mit positiven Karten)
Klärendes Gespräch die Liebe betreffend
Streit wegen der Liebe
Über die Liebe sprechen/diskutieren

Vögel & Herz

Schmetterlinge im Bauch
Anruf des/der Liebsten
Über die Liebe sprechen
Sorgen in der Liebe (nur mit negativen Karten)

Kind & Liebe

Neue Liebe
Neuanfang in der Liebe
Verliebt sein

Kind aus Liebe

Fuchs & Herz

Herz vor dem Fuchs
Falsche Liebe
Geheuchelte Liebe
Betrug in der Liebe
Affäre

Herz hinter dem Fuchs
Ehrliche Liebe
Treue in der Liebe

Bär & Herz

Starke Liebe
Vertraute Liebe
Liebe zu einem älteren Mann
(Neutral) Liebe zu einer erheblich älteren Person

Sterne & Herz

Klarheit in der Liebe
Glück in der Liebe
Tiefe Liebe

Störche & Herz

Veränderung in Liebesangelegenheiten/in der Liebe
Liebe zu einer fürsorglichen Frau
Schwankungen in der Liebe

Hund & Herz

Treue Liebe
Platonische Liebe

Liebe zu einem Freund/einer Freundin
Beständige Liebe

Turm & Herz

Trennung in der Liebe
Distanz in der Liebe
Gefühle verstecken
Einseitige Gefühle

Park & Herz

Treffen in der Liebe
Die Liebe gestehen
Liebe zu einer Person aus dem Freundeskreis

Berg & Herz

Die Gefühle blockieren/Gefühle nicht leben
Hindernisse in Liebesangelegenheiten
Um die Liebe kämpfen

Wege & Herz

Entscheidung in der Liebe
Neue Liebe in 6-7 Wochen
Liebe zu einer Frau
Entscheidung nach Gefühl/nach dem Herz entscheiden

Mäuse & Herz

Herz vor den Mäusen
Liebe geht verloren
Ende der Liebe
Zuneigung fehlt
Mangelnde Gefühle

Sorgen in der Liebe

Herz hinter den Mäusen
Liebe wird stärker
Kleine Sorgen in der Liebe

Ring & Herz

Feste Beziehung mit viel Liebe
Liebesbindung
Gefühlvolle Beziehung

Buch & Herz

Herz an der geschlossenen Seite
Heimliche Liebe
Unausgesprochene Gefühle

Herz an der offenen Seite
Ausgesprochene Gefühle
Geheimnis in der Liebe wird gelüftet
öffentliche Liebe

Brief & Herz

Liebeserklärung
Liebesbrief
Nachricht vom Liebsten
Neue Liebe kommt kurzfristig

Herr & Herz

Mann ist verliebt
Der Mann des Herzens
Liebevoller, herzlicher Mann

Dame & Herz

Dame ist verliebt
Die Frau des Herzens
Liebevolle, herzliche Frau

Lilie & Herz

Liebe zu einem reifen Mann
Harmonische Liebe
Eventuell Affäre (mit dem Fuchs)
Sex aus Liebe
Leidenschaftliche Liebe

Sonne & Herz

Glück in der Liebe
Kraftvolle Liebe
Liebe im Sommer
Erfolg in der Liebe
Liebe die gelebt wird

Mond & Herz

Sehr tiefe Gefühle
Unsicherheit in der Liebe

Schlüssel & Herz

Sichere Liebe
Liebesangelegenheit klappt sicher
Lösung in einer Liebesangelegenheit

Fische & Herz

Liebe zu einem reichen/gefühlvollen Mann
Liebe wird stärker

Tiefe Gefühle

Anker & Herz

Liebe am Arbeitsplatz
Fest verankerte Liebe
Aus Liebe klammern

Kreuz & Herz

Rechts vom Kreuz
Liebe wird stärker
Zukünftige Liebe
Mehr Zuneigung

Links vom Kreuz
Liebe nimmt zeitlich ab
Weniger Zuneigung

Unter dem Kreuz
Belastende Liebe

Anker & Herz & Schlüssel

Die große Liebe
Sehr feste Liebe (unzerstörbar)

Sarg & Herz & Anker & Ring

Abhängigkeit vom Partner die krank macht und die
Beziehung langfristig zerstören wird.

Herz & Buch & Sterne

Eine geheime Liebe wird offenbart
Eine heimliche Liebe bringt Glück bzw. dies ist der richtige Partner.

Herz & Turm & Park & Reiter

Bei einer Verabredung seine Gefühle verbergen, nicht
dazu stehen oder nicht darüber reden.
Äußerlich sehr kalt und abweisend wirken, ohne jegliche Wärme.

Anker & Herz & Buch

An einer heimlichen Liebe festhalten bzw. nicht abschließen können.
Ein Hinweis auf eine lange andauernde Affäre.

Ring & Herz & Kreuz & Turm

Liebe hat abgenommen und die Trennung kommt langsam aber sicher.

25 Der Ring

Schlüsselworte: feste Verbindung, Partnerschaft, Ehe, Vertrag, Kreislauf
Zeitfaktor: 5 – 7 Jahre
Person: Verein, bestimmte Gesellschaft, Gewerkschaft
Charakter: gebunden/verheiratet, legt Wert auf feste Bindungen, Gewohnheitstier
Aussehen: alle Blondtöne, dicke untersetzte Figur
Themenkarte: Ehe, Verbindung, Beziehungen, Vereine

Deutungen für die Liebe

♥ Feste Verbindung
♥ Bindungswilliger Partner
♥ Gewohnheitsbeziehung
♥ Ehe/verheiratet

Der Ring ist für die Liebe eine der wichtigsten Karten, vor allem für diejenigen von uns, die auf eine Beziehung mit dem Wunschpartner warten. Bei ihm findest du alles was die Beziehung betrifft und je nach Lage auch ob es überhaupt zu einer Verbindung kommt.

Sehr positiv verhält es sich, wenn du den Ring in einer Endposition im kleinen Legesystem findest, denn in diesem Fall „endet" es in einer Beziehung. Und ich hoffe genau das möchtest du auch haben.

Die negative Seite des Rings zeigt allerdings das gebunden sein. Beim Partner gelegen, vorausgesetzt ihr seid noch nicht zusammen, könnte dieser Mensch bereits eine Beziehung unterhalten.

Für alles andere ist der Ring der Hinweis auf Regelmäßiges, angefangen von regelmäßigen Kontakten bis zu regelmäßigen Meinungsverschiedenheiten. Eine sehr wichtige Bedeutung des Ringes auch wenn es oft vergessen wird.

25 Der Ring im Legesystem

Platz 1 – Auf Position 1 ist der Ring meist ein Hinweis dass die Beziehung bereits besteht, eine Beziehung auf jeden Fall zustanden kommt, oder der Ring im negativen Fall, dass einer oder beide Beteiligten gebunden sind. Trotz allem ist der Ring hier ein sehr gutes Zeichen und es kommt nun auf euch und die anderen Karten an, wie ihr diese Beziehung gestalten könnt.

Platz 2 – Du bist bereits gebunden, dies muss nicht unbedingt auf die befragte Partnerschaft bezogen sein. Du könntest auch verheiratet sein. Du bist voll auf Beziehung eingestellt und bist bereit alles Notwendige dafür auf dich zu nehmen. Bist du aber verheiratet oder anderweitig gebunden, wird diese Beziehung der befragten im Wege stehen und du wirst dich entscheiden müssen.

Platz 3 – Dein Gegenüber ist gebunden, damit musst allerdings nicht du gemeint sein. Der andere könnte verheiratet sein und in diesem Fall wird die andere Bindung der Partnerschaft zwischen euch, im Weg stehen. Hier wird also eine Entscheidung fällig. Ist der andere nicht gebunden, möchte er auf jeden Fall eine feste Bindung mit dir. Beide der oben genannten Fälle können aber gleichzeitig auftreten.

Platz 4 – Zwischen euch wird zwangsläufig eine Bindung entstehen oder bestehen bleiben. Aus Erfahrung wird mit dem Ring an dieser Position nicht selten eine Ehe entstehen, vor allem wenn ihr schon eine Weile beisammen seid. Auf jeden Fall wird es für euch beide keine Frage sein, dass eine Bindung für beide gewollt ist und diese auch entstehen wird.

Platz 5 – Bleibe dran. Mit dem Ring kann ein regelmäßiger Kontakt oder die Konzentration auf die Bindung angeraten werden. Mache alles dafür was in deiner Macht steht.

Wichtige Kombinationen zum Thema Liebe

Reiter & Ring

Neue Beziehung
Chance auf eine Beziehung
neue Chance innerhalb einer Beziehung
Begegnung mit dem Partner/Wunschpartner
In manchen Fällen Heiratsantrag

Klee & Ring

Glückliche Phase in der Beziehung
4 Wochen lang Glück in Beziehungsangelegenheiten
Beziehung innerhalb kurzer Zeit

Schiff & Ring

Eine Beziehung kommt auf dich zu (ohne dein Zutun)
Sehnsucht nach einer Partnerschaft
Urlaubsbeziehung
Beziehung auf Distanz
Flitterwochen/Hochzeitsreise

Haus & Ring

Feste Beziehung
Ein gebundener Mann
Verheiratet und Familie

Baum & Ring

Beziehung über einen langen Zeitraum
Sichere Beziehung
Chance die Lebenspartnerschaft einzugehen

Wolken & Ring

Helle Seite
Wunsch nach einer Beziehung
Unklarheiten wegen einer Bindung

Dunkle Seite
Unsichere Beziehung
Sorgen wegen einer Beziehung

Schlange & Ring

Gebundene Frau
Beziehung mit einer älteren Frau
Ehefrau
Eifersucht in der Beziehung
Frau drängt sich in die Beziehung (kann auch die Mutter sein)
Hin & Her in Beziehungsangelegenheiten

Sarg & Ring

Natürliches Ende einer Beziehung
Auf eine Beziehung warten
Kummervolle Verbindung
Eventuell: verwitwet

Blumen & Ring

Glückliche Beziehung
Verlobung
Überraschende Beziehung

Sense & Ring

Ring vor der Sense
Zeitliche Trennung

Bindung ist stark gefährdet und kann brechen
in manchen Fällen: Scheidung

Ring hinter der Sense
Plötzliche Beziehung
Schwierigkeiten in der Beziehung sind vorüber
Zeitliche Trennung wird aufgehoben

Ruten & Ring

Zwei Beziehungen
Diskussionen in der Partnerschaft
Streit in der Ehe

Vögel & Ring

Zwei Beziehungen
Sorgen wegen der Beziehung
In Kontakt bleiben
Gespräche wegen einer Verbindung

Kind & Ring

Neue Beziehung
Neuanfang in einer bestehenden Beziehung
Beziehung steckt noch in den Kinderschuhen
Ehe/Beziehung mit Kind/ern

Fuchs & Ring

Ring vor dem Fuchs
Untreue in der Beziehung
Die falsche Verbindung
Affäre

Ring hinter dem Fuchs
Ehrliche Beziehung
Die richtige Verbindung

Bär & Ring

Bindung mit einem älteren Mann
Ehemann
Machtvolle Beziehung

Sterne & Ring

Ehrlichkeit und Offenheit in der Partnerschaft
Erfolg in Beziehungsangelegenheiten
Glückliche Verbindung

Störche & Ring

Veränderung in der Beziehung
Unsichere, schwankende Bindung
Nach einer Veränderung kommt die Beziehung

Hund & Ring

Treue in der Beziehung
Freundschaftliche Verbindung
Längere Partnerschaft
Platonische Beziehung/Ehe

Turm & Ring

Trennung/Scheidung
Rückzug aus einer Beziehung
Distanz in einer Beziehung

Park & Ring

Hochzeit
Öffentliche Beziehung
Treffen mit dem Partner
Beziehung im Freundes- oder Bekanntenkreis

Berg & Ring

Verzögerung in einer Beziehung
Schwierige Verbindung
Hindernisse erschweren eine Beziehung
Regelmäßige Schwierigkeiten

Wege & Ring

Entscheidung in Beziehungsangelegenheiten
Immer wiederkehrende Entscheidung
Manchmal: gemeinsame Wege gehen

Mäuse & Ring

Ring vor den Mäusen
Beziehung löst sich auf
Mangelhafte Beziehung
Etwas fehlt in der Verbindung

Ring hinter den Mäusen
Beziehung wurde gerettet, dennoch Sorgen
Verbindung entsteht langsam unter Schwierigkeiten

Herz & Ring

Feste Beziehung mit viel Liebe
Liebesbindung
Gefühlvolle Beziehung

Buch & Ring

Ring an der geschlossenen Seite
Geheime Verbindung
Beziehung bewusst verschweigen

Ring an der offenen Seite
Beziehung von der man weiß
Den neuen Partner bereits kennen

Brief & Ring

Nachricht bezüglich einer Beziehung
Regelmäßiger Kontakt (meist schriftlich)
Oberflächliche Beziehung
Ehevertrag

Herr & Ring

Mann ist gebunden
Beziehung mit diesem Mann
Mann geht eine Verbindung ein

Dame & Ring

Dame ist gebunden
Beziehung mit dieser Frau
Dame geht eine Verbindung ein

Lilie & Ring

Bindung mit einem vornehmen Mann
Ehe
Harmonische Verbindung

Sonne & Ring

Glückliche Verbindung
Beziehung im Sommer
Erfolg in Beziehungsangelegenheiten

Mond & Ring

Gefühlvolle Beziehung
Angst um die Beziehung
Tiefe Verbindung
Partnerschaft leidet unter Launenhaftigkeit

Schlüssel & Ring

sichere Beziehung
Lösung liegt in der Partnerschaft
Beziehung kommt sicher
Ehe

Fische & Ring

Beziehung aus materiellen Gründen
Geld dominiert die Partnerschaft
Beziehung mit einem gefühlvollen, sensiblen Mann

Anker & Ring

Ehe
Feste Verbindung
Beziehung kommt über den Beruf

Kreuz & Ring

Rechts vom Kreuz
Beziehung wird fester
Beziehung wird sicherer

Links vom Kreuz
Beziehung löst sich auf
Beziehung wird schwächer
Beziehung wird unsicher

Unter dem Kreuz
Belastende Beziehung
Verbindung bringt Belastungen

Sarg & Herz & Anker & Ring

Abhängigkeit vom Partner die krank macht und die
Beziehung langfristig zerstören wird.

Schlange & Ring & Mäuse

Eine Konkurrentin wird die Beziehung zerstören, das kann auch von der Mutter ausgehen die dagegen ist.

Ring & Berg & Schlange

Die Beziehung zu/mit dieser Frau bringt ziemlich viele Hindernisse mit sich.
Für Männer ein Zeichen, dass es mit dieser Frau schwierig sein wird.
Ehefrau macht Schwierigkeiten.

Wolken & Ring & Mäuse

Unklarheiten in einer Beziehung können zu einer Trennung führen.

Ring & Herz & Kreuz & Turm

Weil die Liebe schwächer geworden ist rückt die Trennung näher.
Die Liebe nimmt ab, dadurch Rückzug eines Partners oder beider Partner.

Ring & Fuchs & Hund

Freundschaftliche oder platonische Beziehung ist der falsche Weg.
Bindung zu einem falschen Freund.
Freund gefährdet mit Lügen/Unehrlichkeit die/eine Beziehung.

Ruten & Sarg & Sense & Ring

Auf heftige Streits und Diskussionen folgt eine zeitliche Trennung.

Sarg & Ring & Reiter

Neue Chance in einer Beziehung die bereits aufgegeben war.
Gute Chance auf eine Beziehung wenn du Geduld hast.

Reiter & Ring & Anker (oder Schlüssel)

Neue Chance für die Ehe oder eheähnliche Beziehung.

Schiff & Reiter & Ring

Chance auf eine Beziehung kommt auf dich zu ohne dein Zutun.

Ehe: Ring & Anker oder Ring & Schlüssel
Hochzeit: Park & Ring
Standesamtlich: Park & Ring & Brief
Kirchlich: Park & Ring & Kreuz

26 Das Buch

Schlüsselworte: Geheimnis, Wissen, Bildung, Ausbildung, Intelligenz
Charakter: gebildet, belesen, geheimnisvoll, hört lieber zu
Aussehen: mittelblond bis braune Haare, etwas dicke Figur
Themenkarte: Geheimnisse, Ausbildungen, Wissen, Bildung

Deutungen für die Liebe

♥ Heimliche Beziehung/Liebe
♥ Dem Partner etwas verschweigen
♥ Schwierigkeiten weil einer der Partner schweigt

Das Buch ist eine heikle Karte für die Liebe. Bei dem Wort „Geheimnis" denkt man sofort, der andere verschweigt etwas Schlimmes oder ist gar unehrlich.
Ich sehe diese Karte in Legungen oft am Anfang einer Partnerschaft, wenn beide versuchen sich von ihrer besten Seite zu zeigen. Mindestens einer von beiden, je nach dem bei wem die Karte liegt, versucht seine negativen Eigenarten zu verbergen um dem anderen zu gefallen.
In kleinen Legesystemen auf Gegenwartspositionen weißt das Buch darauf hin, dass die richtige Zeit noch nicht gekommen ist. Ihr wisst noch zu wenig voneinander und erst wenn dieses Hintergrundwissen vorhanden ist kann sich etwas entwickeln.
Das Buch hat allerdings, nicht zu vergessen, auch gute Seiten. Es zeigt Wissen und Intelligenz und wer mag es nicht, wenn der Partner oder potenzielle Partner gebildet ist.
Als Ratschlag aber zeigt das Buch den Hinweis, das Geheimnis zwar zu lüften aber es vorerst für sich zu behalten. Mach dich also an die Arbeit und erforsche den anderen, im geheimen.

26 Das Buch im Legesystem

Platz 1- Es scheint eure Beziehung liegt im Geheimen oder es ist einfach noch die Zeit dafür gekommen. Keiner weiß wie der andere zur Beziehung steht und ob er bereit wäre diese einzugehen. In jedem Fall aber besteht mit dem Buch an erster Stelle Klärungsbedarf, wie und ob zwischen euch eine Partnerschaft entstehen kann. Ist einer von euch noch in einer anderen Beziehung, muss eure Partnerschaft noch geheim bleiben.

Platz 2 – Hältst du nur die Beziehung geheim oder möchtest du dich nicht dazu bekennen? Du verschweigst etwas, wobei dir das nicht einmal bewusst sein muss. Möglicherweise fehlt dir noch etwas Hintergrundwissen, um zu entscheiden, ob du in diese Partnerschaft gehen möchtest oder eher nicht.

Platz 3 – Dein Partner verschweigt dir etwas, möglicherweise steht er einfach noch nicht zu dir und eurer Beziehung. Im fehlt noch etwas Wissen um sich dazu zu bekennen. In der Regel ist dein Gegenüber sehr intelligent und hat einen geheimen Plan bezüglich der Umsetzung.

Platz 4 – Eure Beziehung scheint geheim zu bleiben oder der richtige Zeitpunkt ist noch nicht gekommen. Ihr werdet nur wenig vom anderen erfahren, sodass keine eindeutige Entscheidung getroffen werden kann.

Platz 5 – Halte dich bedeckt und gib nicht zu viel von dir preis. Suche nach mehr Informationen, damit du weißt, woran du bist.

27 Der Brief

Schlüsselworte: Nachricht, Schriftstück, Brief, Oberflächlichkeit, vorübergehend, Dokument
Zeitfaktor: nur kurz
Charakter: oberflächlich, sehr kontaktfreudig
Aussehen: weiße bis hellbraune Haare, schlanke Figur
Themenkarte: Nachrichten, Briefverkehr, Unterlagen, Verträge, äußerliches Verhalten

Deutungen für die Liebe

♥ Nachrichten vom Partner
♥ Ehevertrag
♥ Eingetragene Lebenspartnerschaft
♥ Oberflächliche Beziehung
♥ Hauptsächlich schriftlicher Kontakt zwischen den Partnern

Der Brief, so auch in der Liebe, zeigt eine Nachricht, nicht selten die, auf die du schon so lange gewartet hast. Findest du den Brief auf der Position des Partners wird er sich bei dir melden. Liegt der Brief aber auf deiner Position bist du an der Reihe.

Der Brief alleine sagt über die Nachricht nichts aus. Du kannst anhand dieser Karte also nicht sehen ob die Botschaft gut oder schlecht ausfällt. Diese Frage beantwortet dir nur eine weitere Karte, beziehungsweise im großen Legesystem, die Karten die du beim Brief finden kannst. Wenn du die Karte genau anschaust siehst du, dass der Brief versiegelt ist. Diese Nachricht ist also meist persönlich und sollte nicht unbedingt in andere Hände gelangen. Zeigt der Brief eine Botschaft die dir jemand anvertraut, behalte sie auf jeden Fall für dich.

Wenn ihr bereits zusammen seid, könnte es sein, dass dein Partner dir etwas Wichtiges zu sagen hat, etwas, das nur für dich bestimmt ist.

Eine Gefahr des Briefes ist aber die Oberflächlichkeit als Charakterzug. Tiefgang ist also nur durch etwas mehr Vertrauen möglich.

27 Der Brief im Legesystem

Platz 1 – Jeder scheint auf eine Mitteilung vom anderen zu warten. Vielleicht hast du oder hat der andere auch etwas Wichtiges erfahren, was nun das Hauptthema zwischen euch darstellt. Möglicherweise habt ihr bisher nur den typischen Small-Talk geführt und eure Verbindung ist eher oberflächlich.

Platz 2 – Du wartest du auf eine Nachricht deines Gegenüber, überlegst dir aber auch, ob du dich nicht melden solltest. Die Verbindung erscheint dir eher oberflächlich mit wenig Tiefgang, und vielleicht stellt auch das dein aktuelles Problem dar. Seid ihr bereits zusammen, würde etwas mehr Tiefgang und längere Gespräche die Beziehung erheblich verbessern. Vielleicht aber bleibst du bewusst etwas an der Oberfläche aus Selbstschutz.

Platz 3 – Dein Gegenüber wartet auf eine Nachricht von dir, überlegt sich aber auch, ob man sich nicht selbst melden sollte. Vielleicht hat dein Partner auch etwas wichtige in Erfahrung gebracht und möchte dir dies nun mitteilen. Der andere bleibt bewusst an der Oberfläche bis er sich eine Meinung gebildet hat.

Platz 4 – Der Kontakt zwischen euch scheint nicht abzubrechen, nur könnte es passieren, vor allem wenn du auf eine Nachricht wartest, dass es noch etwas dauern wird. Die negative Seite aber könnte eine oberflächliche Beziehung sein, in der zwar viel gesprochen, aber wenig umgesetzt wird.

Platz 5 – Suche den Kontakt zum Partner. Teile mit, was du gerne sagen möchtest. In frischen Beziehungen ist der Brief aber ein Hinweis, nicht zu viel von sich preiszugeben.

28 Der Herr

Schlüsselworte: männlicher Fragesteller, Ehemann, Partner oder
Herzensmann der Fragestellerin

Der Herr in der Liebe ist grundsätzlich der Fragesteller für Männer und für
Frauen der Mann der ihnen am meisten am Herzen liegt. Bist du ein Mann und
deine Herzensdame ist verheiratet bist du der Herr. Der Ehemann wird meist
vom Bären symbolisiert.

Findest du in einem kleinen Legesystemen den Herrn auf deiner eigenen Position solltest du die Initiative ergreifen und deine Männlichkeit spielen lassen. Sei
einfach du selbst. Wichtig ist auch, wenn du dich auf der eigenen Position
findest, dass du in dich gehst und schaust, ob die befragte Sache wirklich dein
Wunsch ist. Prüfe nach wo deine Ambitionen liegen und ob du dich auf dem
richtigen Weg befindest!

28 Der Herr im Legesystem

Platz 1 – Bist du eine Frau, hast du wohl deinen Traummann gefunden. Alles was in dieser Beziehung geschieht, geht von ihm aus. Wartest du beispielsweise auf eine Nachricht sollte sie von ihm kommen. Hier dreht sich alles um den Mann. Bist du ein Mann kannst du dich in dieser Beziehung voll ausleben, so wie du eben bist.

Platz 2 – Bist du eine Frau scheint dein Gegenüber dein Traumprinz zu sein, zumindest siehst du das so. Du überlässt aber gerne ihm die Führung und bleibst eher im Hintergrund.
Bist du ein Mann kannst du hier wirklich du selbst sein. Sei einfach da, und sei, wie du bist.

Platz 3 – Bist du eine Frau scheint dieser Mann wirklich dein Traumprinz zu sein und er zeigt sich gerne als dieser. Er weiß, dass er hier wirklich er selbst sein kann und fühlt sich somit wirklich wohl.
Bist du ein Mann sieht dein Gegenüber dich als Traumprinzen, den man nur noch wachküssen muss. In dieser Position überlässt sie dir gerne die Führung. Du bist der Star!

Platz 4 – Für diese Beziehung ist der Mann der Antrieb und er übernimmt die Führung. Dessen sollte er sich bewusst sein. Wenn du eine Frau bist, gibt es kein Zweifel, dass dies dein Partner sein wird. Hast du nach einer Beziehung gesucht in welcher der Mann die Führung übernimmt, wirst du hier genau das bekommen.

Platz 5 – Zeige deine männliche Seite, mit allem was dazugehört.

29 Die Dame

Schlüsselworte: weibliche Fragestellerin, Ehefrau, Partnerin oder
Herzensdame des Fragestellers

Die Dame in der Liebe ist grundsätzlich die Fragestellerin für Frauen und für
Männer die Dame die ihnen am meisten am Herzen liegt. Bist du eine Frau und
dein Herzensmann ist verheiratet bist du die Dame. Die Ehefrau wird meist von
der Schlange symbolisiert.
Findest du in einem kleinen Legesystem die Dame auf deiner eigenen Position
solltest du die Initiative ergreifen und deine Weiblichkeit spielen lassen. Sei
einfach du selbst. Wichtig ist auch, wenn du dich auf der eigenen Position
findest, dass du in dich gehst und schaust, ob die befragte Sache wirklich dein
Wunsch ist. Prüfe nach wo deine Ambitionen liegen und ob du dich auf dem
richtigen Weg befindest!

29 Die Dame im Legesystem

Platz 1 – Bist du eine Frau, scheinst du der Initiator dieser Beziehung zu sein oder es dreht sich alles um dich. In dem Fall kannst du dich in dieser Beziehung voll ausleben und mit deinen Reizen spielen. Du bist der Star!
Bist du ein Mann, scheinst du deine Traumfrau gefunden zu haben.

Platz 2 – Bist du eine Frau bemerkst du, dass du ganz du selbst sein kannst. Der andere nimmt dich so wie du bist, das fühlst du. Da du in diesem Fall auf deiner eigenen Position liegst, hängt in dieser Beziehung sehr viel von dir ab.
Bist du ein Mann hast du bemerkt dass du deine Traumfrau gefunden hast, die du als stark und selbstbewusst erlebst.

Platz 3 – Bist du eine Frau und liegst somit auf der Position deines Partners, kannst du dich glücklich schätzen. Du bist seine Traumfrau und er fährt total auf dich ab. In dem Fall brauchst du an einer Beziehung kaum zweifeln.
Bist du ein Mann, siehst du in deiner Partnerin deine Frau fürs Leben. Stellt sich nur die Frage, wie sie dazu steht.

Platz 4 – Die Frau wird für diese Beziehung der Antrieb sein und auch die Führung übernehmen. Alles was passiert ist von ihr abhängig. Wenn du also eine Frau bist, sei dir dieser Verantwortung bewusst. Vielleicht hast du aber genau auf solch eine Beziehung gewartet.

Platz 5 – Zeige deine weibliche Seite, mit allem was dazu gehört.

30 Die Lilie

Schlüsselworte: Harmonie, Familie, Fleiß, Leidenschaft,
Sexualität, Affäre, Anstand
Zeitfaktor: Winter
Person: vornehmer Mann der Gutes tut
Charakter: Sex ist wichtig, fleißig, friedlich, harmoniebedürftig, selbstlos
Aussehen: entweder sehr helle oder sehr dunkle Haarfarbe, oft
aber grauhaarig vor allem an den Schläfen, schlanke, athletische Figur
Themenkarte: Sex, Harmonie, Familie

Deutungen für die Liebe

♥ Harmonische Beziehung
♥ Beziehung auf sexueller Basis
♥ Beziehung mit einem vornehmen Mann
♥ Leidenschaftliche Partnerschaft

Die Lilie ist in Partnerschaftsfragen teils gefürchtet teils geliebt. Grundsätzlich, mit positiven Karten, ist sie ein Hinweis auf eine harmonische Partnerschaft. Gefürchtet ist sie, weil sie die typische Affäre-Karte und Sex-Karte ist. Viele Sorgen sich wenn die Lilie in einer Legung beim Partner zu sehen ist, ob denn nun der Partner fremdgeht oder gar ein sexuelles Verhältnis mit einer anderen Frau unterhält. Das ist nur der Fall, wenn sich beispielsweise der Fuchs bei ihr aufhält. Und selbst dann sollte eine andere Personenkarte dabei zu finden sein und am besten auch das Herz. Ansonsten ist eine Affäre ausgeschlossen.

Wenn ihr bereits zusammen seid, zeigt die Lilie einen harmonischen und friedlichen Umgang miteinander. Für Singles stellt die Lilie oft einen vornehmen, anständigen Mann dar, der für eine Partnerschaft in Frage kommen würde. Es könnte auch ein Mann sein, der bereits verheiratet war und eigene Kinder hat. Sehr oft aber hat die Lilie keine besonders auffällige Bedeutung und ist ganz einfach der Hinweis auf den Winter.

30 Die Lilie im Legesystem

Platz 1 – Eure Beziehung/Entwicklung scheint sehr harmonisch zu verlaufen. Es ist eine leidenschaftliche Beziehung und dennoch friedlich und anständig. Womöglich denkt ihr sogar über Familienplanung nach. Gemäß der zweiten Deutung der Lilie, könnte zwischen euch aber auch eine Affäre, rein aus sexuellen Gründen, bestehen. Ein anderer Mann könnte die Beziehung beeinflussen, in der Regel ist dieser älter als der Partner, manchmal handelt es sich auch um ein Familienmitglied.

Platz 2 – Wenn du eine Frau bist, siehst du deinen Partner als anständig und harmoniebedürftig. Du siehst euer Verhältnis als harmonisch, sofern es sich nicht um eine Affäre handelt, denn dann willst du nicht mehr wie diese Affäre. Du solltest nachprüfen, inwiefern ein anderer Mann für dich eine Rolle spielt, denn er könnte eure Beziehung beeinflussen.

Platz 3 – Wenn dein Partner ein Mann ist, wirkt er sehr harmoniebedürftig und friedlich. Einen bitteren Beigeschmack hat die Lilie allerdings auf dieser Position. Sie könnte anzeigen, dass dein Gegenüber eine rein sexuelle Beziehung mit dir führen möchte (Affäre). Es könnte auch ein anderer Mann eine Rolle spielen.

Platz 4 – Die Lilie sagt nicht eindeutig, ob sich zwischen euch eine feste Bindung ergeben wird, da sie auch für Affären stehen kann. Du solltest also in jedem Fall prüfen, ob das auf euch zutrifft. Ist dies nicht der Fall werdet ihr sehr friedlich und selbstlos miteinander umgehen, zudem könntet ihr über Familienplanung nachdenken. Schaue nach ob ein anderer Mann ein Rolle spielen könnte.

Platz 5 – Bleibe friedlich und schaffe Frieden und Harmonie zwischen euch. Überprüfe auch, ob dein Motiv nicht auf eine Affäre abzielt.

31 Die Sonne

Schlüsselworte: Erfolg, Kraft, Energie, Optimismus, Wärme, Fröhlichkeit
Zeitfaktor: Sommer, tagsüber
Charakter: optimistisch, charismatisch, unglaubliche Energie
Aussehen: hellblonde bis goldblonde Haare, rundliche Figur, Sunnyboy
Themenkarte: Glück, Erfolg, Energie

Deutungen für die Liebe

♥ Positive Beziehung
♥ Kraftvolle Partnerschaft
♥ Optimistisch in Beziehungsangelegenheiten
♥ Wärme innerhalb einer Beziehung

Die Sonne in Beziehungen ist immer ein sehr gutes Zeichen. Es handelt sich um eine kraftvolle, wärmende Beziehung mit viel Freude. Findest du die Sonne auf der Position des Endergebnisses, ist dir ein guter Ausgang der Angelegenheit sicher. Dabei spielt es eine zweitrangige Rolle wie die aktuelle Situation aussieht. Hast du gefragt ob du mit deinem Wunschpartner eine Beziehung führen wirst, heißt die Sonne nicht definitiv ja, nur, dass die Sache gut ausgeht. Das kann auch bedeuten, dass ihr nicht zusammen sein werdet, weil du vielleicht einen besseren Partner findest oder aber du bemerkst, dass der Wunschpartner doch nicht der Richtige war. Deute die Sonne also nicht in die falsche Richtung. Wenn ihr bereits zusammen seid, verheißt die Sonne Glück und eine schöne Zeit in der Partnerschaft.
Bist du Single steht dir ein großes Glück bevor, möglicherweise im Sommer.

31 Die Sonne im Legesystem

Platz 1 – Ihr habt eine positive Einstellung in Bezug auf eure Verbindung. Ihr seht im anderen auch eine gute Chance, sein Glück zu machen. Die Ausgangssituation ist in jedem Fall sehr positiv und die Chancen stehen gut.

Platz 2 – Du siehst die Beziehung positiv und investierst viel Energie für gemeinsame Ziele. Auch wenn ihr noch nicht zusammen seid, schätzt du die Chance sehr gut, dass daraus etwas werden könnte. Vielleicht mag dein Gegenüber genau diese positive Art an dir sehr gerne.

Platz 3 – Dein Gegenüber scheint ein optimistischer Mensch zu sein, der die Chance auf eine Beziehung als hervorragend einschätzt. Ist dies eine Männerposition, deutet die Sonne auch auf ein starkes Ego und eine kraftvolles Auftreten hin. Lass dich davon nicht täuschen. Bestimmt kennst du den Spruch: Harte Schale, weicher Kern!

Platz 4 – Eure Beziehung wird sehr kraftvoll und positiv sein. Die Aussichten auf eine Beziehung, falls ihr noch nicht beisammen seid, sind sehr gut. Die Sonne auf der Endposition ist ein Hinweis, dass im Sommer eure beste Zeit sein wird oder auch bei Schwierigkeiten, dass es ein gutes Ende nimmt, eventuell im Sommer.

Platz 5 – Bleibe optimistisch und fröhlich, dann wirst du den Erfolg bekommen den du dir wünschst. Eventuell ist die Sonne hier als Hinweis auf den Sommer zu beachten.

32 Der Mond

Schlüsselworte: Gefühle, Angst, Anziehungskraft, Intuition,
Sensibilität, Anerkennung
Zeitfaktor: nachts, ein Mondzyklus – 28 Tage
Charakter: ängstlich, sensibel, gefühlvoll, braucht viel
Anerkennung, launisch
Aussehen: alle Blondtöne, ein bisschen dickere Figur
Themenkarte: Angst, Anerkennung, Anziehungskraft

Deutungen für die Liebe

♥ Beziehung mit tiefen Gefühlen
♥ Sensibler Partner
♥ Angst um die Beziehung
♥ Starke Anziehungskraft
♥ Intuitiv auf eine Beziehung zugehen

Der Mond, ein Zeichen für tiefe Gefühle, deutet in Beziehungsangelegenheiten immer auf eine stark gefühlsorientierte Partnerschaft hin.
Stell dir vor du stehst im Dunkeln und kannst nur mit Hilfe deiner Intuition den Weg finden. Nur deine Intuition kann dir zeigen ob du einer Illusion gefangen bist oder ob das, was du siehst, die Realität ist. Bist du etwas skeptisch und vorsichtig, bleibe lieber vorsichtig der Mond kann eine Warnung sein. Ein kleines Manko des Mondes sind Illusion, Täuschung und Launenhaftigkeit. Versuche, wenn du den Mond in einer Legung ziehst, herauszufinden ob diese Punkte auf dich zutreffen. Manchmal liebt man den Partner auch so sehr, dass die Angst sehr groß ist ihn wieder zu verlieren.
Trifft jedoch keiner der Punkte zu bist du ein Glückspilz, denn du hast eine tiefe Bindung zu deinem Partner. Bist du Single, pass genau auf mit wem du dich einlässt. Prüfe bevor du dich bindest, dann hast du die Chance deine Erfüllung zu finden.

32 Der Mond im Legesystem

Platz 1- Der Mond zeigt tiefe Gefühle zwischen euch an, ebenso die starke Anziehungskraft. Die negative Seite des Mondes allerdings könnte Verwirrung und Illusionen andeuten. Vielleicht erwartet ihr zu viel voneinander, weil ihr so verliebt seid, Dinge, die der andere gar nicht geben kann. Grundsätzlich aber ist diese Karte nicht schlecht und Gefühle zwischen euch sind nicht zu bestreiten.

Platz 2 – Du hast tiefe Gefühle für dein Gegenüber und wirst wie magisch von ihm angezogen. Es ist richtig, dass du auf deine Intuition hörst, damit liegst du perfekt. Gerade durch diese tiefgehenden Gefühle hast du aber auch Angst den anderen zu verlieren, weil er wie ein Teil von dir ist.

Platz 3 – Dein Partner hat tiefe Gefühle für dich, doch gleichzeitig Angst, dich zu verlieren. Er handelt nach seiner inneren Stimme und ist sehr sensibel.

Platz 4 – Ihr werdet tiefe Gefühle füreinander entwickeln, doch eure Partnerschaft hat auch den Schatten der Angst. Angst, den anderen zu verlieren. Euch ist es möglich, eine sehr tiefgehende Beziehung zu führen, wenn ihr diese Angst unter Kontrolle behaltet.
Aufgrund dieser bestehenden Dunkelheit (der Mond scheint nachts), gibt es nichts, was mit dem Verstand, beziehungsweise mit den Augen, sichtbar wäre, somit könnt ihr den Weg nur nach eurem Gefühl gehen.

Platz 5 – Handle rein intuitiv und schalte in diesem Fall den Verstand aus. Höre auf zu denken, höre auf deine innere Stimme.

33 Der Schlüssel

Schlüsselworte: Sicherheit, unbegrenzte Möglichkeiten, Lösung
Charakter: zuverlässig
Aussehen: mittel- bis dunkelblonde Haare, breite Schultern, schlanke Hüften
Themenkarte: Möglichkeiten, Sicherheit, Lösung

Deutungen für die Liebe

♥ Ehe
♥ Lösung in Partnerschaftsproblemen
♥ Sichere Beziehung
♥ Zuverlässiger Partner

Der Schlüssel ist in Beziehungsangelegenheiten eine positive, Karte denn sie zeigt Sicherheit und Verlässlichkeit. Wenn ihr bereits zusammen seid, könnte eine Ehe für euch angezeigt sein. Sucht ihr die Lösung für ein Problem, werdet ihr sie finden, der Schlüssel ist der Beweis dafür. Für Singles ist eine sichere und feste Beziehung gemeint. Befindet er sich in einer Zukunftsposition, wirst du bald eine solche Beziehung beginnen, findest du dazu noch den Ring beim Schlüssel oder in der Legung, besteht sogar die Möglichkeit auf eine Ehe.
Der Schlüssel auf einer Position für eine Person oder im großen Blatt direkt bei einer Person, deutet immer darauf hin, dass die Lösung von dieser Person abhängt. Geht es darum eine Beziehung zu beginnen wird eben diese Person auch den ersten Schritt dazu unternehmen.

33 Der Schlüssel im Legesystem

Platz 1 – Ihr befindet euch in einer sicheren Beziehung, die nur schwer zu zerstören wäre. Seid ihr noch nicht beisammen, sieht die aktuelle Lage sehr positiv aus und ein Gelingen scheint sicher. Für Paare, die schon etwas länger zusammen sind, kann der Schlüssel eine Ehe anzeigen.

Platz 2 – Du bist dir deiner Sache ganz sicher, bereit für etwaige Probleme einzustehen und nach Lösungen zu suchen. Da der Schlüssel auf deiner Position liegt, könntest du der Initiator der Beziehung, oder einfach der aktive Part sein. Es hängt an dir ob mehr daraus wird. Möglicherweise würde auch eine Ehe für dich interessant sein.

Platz 3 – Der Schlüssel liegt bei Partner somit hat er die Lösung für Schwierigkeiten oder er ist der aktivere von euch. Es liegt nun am anderen, ob aus euch etwas wird oder eben nicht. Es könnte sein, dein Gegenüber denkt über eine Ehe nach.

Platz 4 – Der Schlüssel ist eine sehr gute Karte für die Ergebnisposition. In fast allen Fällen entsteht hier eine feste Beziehung, die nur schwer zu zerstören ist. Ob ihr nun schon zusammen seid oder nicht, diese Karte könnte ein Hinweis auf eine Ehe sein, in der diese Beziehung endet.

Platz 5 – Es liegt an dir ob aus euch etwas werden kann. Wenn du das möchtest, mache einen Anfang, setzte aber auf Sicherheit.

34 Die Fische

Schlüsselworte: Finanzen, Vermehrung, Macht, Besitz, Werte
Person: materiell orientierter Mann, Anlageberater, Bankangestellter
Charakter: reich, fleißig, materiell eingestellt
Aussehen: blonde Haare, leicht untersetzte Figur
Themenkarte: Materielles, Geld, Besitz, Werte, Macht

Deutungen für die Liebe

♥ Beziehung aus materiellen Gründen
♥ Verfestigung der Beziehung
♥ Gefühle werden siegen
♥ Beziehung mit einem materiell gut gestellten Mann

Grundsätzlich ist die Karte mit den Fischen eine Gefühls- und Seelenkarte. Sie zeigt sensible Menschen, wie etwa solche, die dem Sternzeichen Fische angehören. Somit sollte dir klar sein, dass sie tiefe Gefühle hegen, jedoch auch Launenhaftigkeit und eben die Flucht in eine Phantasiewelt.

In Liebesangelegenheiten kannst du dich also glücklich schätzen wenn du diese Karte ziehst, denn sie verheißt tiefe Gefühle und Seelenreichtum. Hüte dich nur vor ungerechtfertigten Launen dem Partner gegenüber.

Als weitere Bedeutung, vor allem in Verbindung mit anderen Karten zeigt sie Vermehrung, allerdings können sich auch negative Dinge vermehren, halte daher die Augen offen.

Zu guter letzt kann die Karte einen sensiblen Mann zeigen der eventuell mit Geld zu tun hat oder viel Geld besitzt. Dieser Mann kann für eine Beziehung sehr interessant sein, vor allem wenn du gefühlvolle Männer magst.

34 Die Fische im Legesystem

Platz 1 – Die Fische zeigen zwei Möglichkeiten: Entweder ihr seid aus materiellen Gründen aneinander interessiert oder eine tiefe Gefühlsbasis zieht euch zusammen. Manchmal zeigen die Fische auch einen Mann, der die Beziehung beeinflusst. Selten allerdings handelt es sich hier um eine Ehemann und wenn es so sein sollte, besteht diese Ehe nur noch aus finanziellen und materiellen Gründen.

Platz 2 – Auch hier gibt es zwei Seiten: Entweder hast du aus finanziellen Gründen Interesse an dieser Beziehung oder du hegst tiefe Gefühle für den anderen. Solltest du eine Frau sein, könnte auch ein Mann die befragte Beziehung beeinflussen. Vielleicht möchtest du auch einfach etwas mehr vom Partner, die Fische zeigen auch Vermehrung.

Platz 3 – Entweder hat dein Partner aus finanziellen Gründen Interesse an einer Beziehung mit dir, oder aber er hegt tiefe Gefühle für dich. Möglicherweise möchte er einfach „mehr" von dir und versucht das nun umzusetzen. Ist dein Partner ein Mann, scheint er sehr sensibel zu sein, oder aber ein anderer Mann beeinflusst die Beziehung auf Kosten deines Partners.

Platz 4 – Ihr werdet vermehrt Zeit miteinander verbringen, vorausgesetzt es sind keine finanziellen Hintergründe vorhanden. Tiefe Gefühle verbinden euch und durch diese Gefühle wird die Beziehung entweder bestehen bleiben oder zustande kommen. Ist allerdings noch ein anderer Mann im Spiel, könnte das in Zukunft Schwierigkeiten bereiten.

Platz 5 – Du solltest innerhalb einer Beziehung auf die Finanzen achten. Handle in allem was diese Partnerschaft betrifft nach Gefühl.

35 Der Anker

Schlüsselworte: Stabilität, Sicherheit, gute Basis, Beruf, Hoffnung
Charakter: fleißig, diszipliniert, starkes Sicherheitsdenken
Aussehen: graue Haare, athletische, muskulöse Figur
Themenkarte: Beruf, Sicherheiten, Stabilität, Verstrickung

Deutungen für die Liebe

♥ Ehe
♥ Sicher verankerte Beziehung
♥ Klammern am Partner
♥ Hoffnung auf eine Beziehung
♥ Beziehung ist nicht einfach zu lösen
♥ stabile Beziehung
♥ Partnerschaft durch den Beruf

Im Gegensatz zum Klee zeigt der Anker im Liebesleben die Hoffnung auf eine handfeste, sichere und verlässliche Beziehung. Der Klee hingegen zeigt dir eher die anfängliche Hoffnung, wenn man sich erst kennen gelernt hat. Der Anker zeigt die Hoffnung, wenn ihr euch bereits kennt und du dir wünschst, dass mehr daraus wird.

Wenn ihr bereits zusammen seid ist der Anker der Hinweis auf eine gute Basis und ein sicheres Fundament das ihr bereits gebaut habt, oder dass ihr beim Erstellen dieses Fundaments seid.

Zudem ist die Karte ein Hinweis auf eine Beziehung am Arbeitsplatz. Entweder habt ihr euch dort kennen gelernt (es genügt wenn einer bei der Arbeit ist/war) oder ihr werdet in Zukunft zusammen arbeiten.

Als eine Herausforderung des Ankers zeigt sich das Klammern. Das könnte ein Problem sein oder werden und zwar dann, wenn einer von euch sich eingeengt fühlt oder die Bindung einfach zu eng wird. Das sind jedoch meist Anfangs-schwierigkeiten die, wenn daran gearbeitet wird, in den Griff zu bekommen sind.

35 Der Anker im Legesystem

Platz 1 – Der Anker zeigt eine feste Verbindung die nahezu untrennbar ist. Vielleicht seid ihr auch durch die Arbeit zueinander gekommen. Seid ihr noch nicht zusammen, habt ihr bereits ein gutes Fundament, beziehungsweise müssten die Kontakte sehr positiv verlaufen. In manchen Fällen zeigt der Anker auch eine Ehe.

Platz 2 – Du hältst dich am Partner fest und siehst euer gutes Fundament oder die positive Entwicklung. Dich kann so leicht nichts vom anderen trennen und du würdest die Beziehung gerne festigen, sei es durch eine Ehe oder vorerst als absolut feste Partnerschaft. Seid ihr noch nicht zusammen bist du guter Hoffnung.

Platz 3 – Dein Gegenüber glaubt an eine positive Entwicklung. Seid ihr bereits zusammen, denkt dein Partner vielleicht über eine Ehe nach. Seid ihr noch nicht zusammen, möchte er auf jeden Fall eine feste Beziehung mit dir.

Platz 4 – Nicht selten enden Beziehungen mit dem Anker in einer Ehe. Eine feste Beziehung wird es auf jeden Fall werden. Ihr haltet euch aneinander fest und unternehmt fast alles gemeinsam. Sei nur etwas vorsichtig, dass es nicht im „Klammern" endet. Möglicherweise werdet ihr auch beruflich etwas gemeinsam aufbauen.

Platz 5 – Halte dich an der Beziehung fest und versuche das gute Fundament beizubehalten oder ein sicheres Fundament zu bauen.

36 Das Kreuz

Schlüsselworte: Schicksal, Prüfungen, Karma, Leben,
Qualen, Probleme, Zukunft
Zeitfaktor: 2 – 3 Wochen
Charakter: bestraft sich selbst, schicksalsbestimmt, belastet, problematisch
Aussehen: blonde Haare, große, dünne Figur
Themenkarte: Schicksal, Missgeschick, Karma, Religion

Deutungen für die Liebe

♥ Reifeprüfung in der Liebe
♥ Zukünftige Beziehung
♥ Belastungen in der Partnerschaft
♥ Schicksalhafte Beziehung

Beim Kreuz musst du aufpassen, denn es hat vor allem im großen Blatt einige Besonderheiten. Was du links vom Kreuz findest wird langsam weniger bis hin zur Auflösung. Was du rechts von Kreuz findest wird langsam mehr werden oder sich verstärken. Was unter dem Kreuz liegt wird als Belastung empfunden. Schau dir also alles genau an. In kleinen Legesystemen aber gelten die Grundbedeutungen, du musst auf nichts weiter achten.

Typisch für das Kreuz sind Situationen in denen man nicht mehr weiter weiß. Vielleicht hast du etwas falsch gemacht oder du empfindest die ganze aktuelle Situation als Belastung, sodass du am liebsten alles hinter dir lassen würdest, wenn du nur könntest. Diese „Prüfungen" sind Teil des Lebens und sie kommen und werden erst gehen, wenn du den dahinterliegenden Sinn verstanden hast. Möglicherweise ziehst du immer denselben Typ Partner an oder Partner mit immer denselben Schwierigkeiten im Hintergrund. Begreife nun warum das so ist, und das genau hier deine Lernaufgabe liegt. Wenn du das weißt hast du die Lösung deines Problems oder deiner Belastung.

36 Das Kreuz im Legesystem

Platz 1 – Es scheint als habe das Schicksal euch zusammen geführt, bestimmt hast du es bereits bemerkt. Ihr habt gemeinsam eine Aufgabe zu erfüllen, die zwar teilweise Belastungen und Schwierigkeiten mit sich bringt, im Gegenzug aber eine große Befriedigung, wenn ihr das schafft. Das Kreuz steht auch für die Zukunft, somit stehen die Chancen auf eine gemeinsame Zukunft nicht schlecht. Etwas anders verhält es sich wenn ihr bereits zusammen seid, denn dann habt ihr im Moment größere Belastungen in eurer Beziehung zu tragen, wenn nicht gar die Beziehung selbst für euch eine Belastung darstellt.

Platz 2 – Das Schicksal drängt dich in dieser Partnerschaft immer wieder in eine bestimmte Richtung. Möchtest du dem anderen ausweichen und schaffst es nicht, weil ihr euch zufällig immer wieder trefft? Oder hast du eher das Gefühl die Beziehung stellt für dich eine Belastung dar? Die Schwierigkeiten können natürlich auch durch äußere Umstände entstanden sein. In jedem Fall läuft etwas hier nicht auf normalem Wege ab.

Platz 3 – Dein Partner sieht dich als sein Schicksal und doch scheint er belastet zu sein. Es kann an alten Erfahrungen, die er bereits in vergangenen Beziehungen gemacht hat, liegen. So wie es jetzt läuft kann es nicht weitergehen. Dein Partner steckt tief in Belastungen fest, eventuell muss er einen Schicksalsschlag verkraften. Trotzdem bedeutet es nicht, dass zwischen euch nichts entstehen kann, denn das Kreuz steht auch für die Zukunft.

Platz 4 – Ihr werdet in eine schwierige Situation kommen, in der ihr wohl einige Belastungen tragen müsst. Dennoch steckt dahinter eine Lebensaufgabe und das Schicksal wird es gut mit euch meinen, wenn ihr diese erledigt habt. Ihr werdet wohl näher zusammen rücken müssen, wenn ihr das schaffen wollt.

Platz 5 – Nehme das Schicksal so wie es kommt und plane deine Zukunft.

Zweiter Teil

Hilfe zum großen Blatt

Bei diesem Legesystem werden alle 36 Karten nach einem bestimmten Schema ausgelegt. Anhand der Lage jeder Karte und der Kombination mit den daneben-liegenden Karten kannst du die Vergangenheit, Gegenwart und die Zukunft deuten. Zudem siehst du auf einen Blick was dein Gegenüber denkt und wie es zwischen euch aussieht. Zuerst erkläre ich dir, wie du das große Blatt auslegen musst, danach wie du das Ganze am besten deutest. Du solltest die Bedeutungen der Karten bereits kennen sonst wirst du Schwierigkeiten haben daraus etwas zu lesen wenn du immer nachschlagen musst. Ich werde dir auch erklären wie du die Karten kombinieren kannst um zu deutlichen Aussagen zu kommen. Die ganz wichtigen Kombinationen habe ich dir angefügt um es dir leichter zu machen. Wichtig ist bei dieser Legung dein eigenes Gespür, so kannst du am meisten aus dem Bild herausholen. Da ich eine längere Beratungserfahrung besitze kenne ich die „typischen" Fragen zur Liebe und habe dir aufgelistet wie und wo du die Antworten dazu im Bild finden kannst. Da dieses System etwas schwieriger zu deutet ist als die anderen kleinen Systeme, erwarte keine Wunder am Anfang.

Das Bild gilt etwa 6 bis 12 Monate, selten kürzer. Die Zeit kannst du aber vor der Legung auch festlegen. Meinetwegen möchtest du eine Geltungsdauer von einem Monat. Das legst du einfach vor dem Mischen fest.

Hilfe zu den vielen Personenkarten

Bestimmt hast du bereits die vielen Personen im Kartendeck bemerkt. Ich möchte dir eine nähere Beschreibung dazu geben, weil viele Kartenleger Schwierigkeiten haben die Personen auseinanderzuhalten, vor allem wenn viele Leute an der Frage beteiligt sind. Anhand dieser Beschreibung müsste es dir etwas leichter fallen diese Personen zu identifizieren, weil du auf den Karten keine Namen der Personen findest. ;-)

♥ 1 Reiter
Sohn, jüngerer Partner (erheblich jünger), wenn als Partner dann meist der Liebhaber

♥ 4 Haus
freundlicher Mann zwischen 20 und 40 Jahren, manchmal ist das der Ehemann oder ein Ex-Partner mit dem man positiv auseinander gegangen ist

♥ 6 Wolken
Ein älterer Mann, meist undurchschaubar. Oft der Ex-Partner oder Ex-Mann mit dem man aber nicht im Guten auseinander gegangen ist.

♥ 7 Schlange
In den meisten Fällen die Konkurrentin oder die Ehefrau wenn das Herz an einer anderen Dame hängt. Kann auch die Mutter sein.

♥ 9 Blumen
Tochter oder sehr junge Frau meistens nur bis maximal 25 Jahre, in seltenen Fällen die junge Geliebte

♥ 10 Sense
in der Regel ein Junge oder Sohn der etwas aggressiv und unkontrolliert erscheinen kann, sehr selten ein sehr junger Geliebter da es meist bei der Kinderkarte bleibt

♥11 Ruten
ebenfalls ein Junge oder Sohn der eher unruhig ist und gerne redet, oft ein kleiner „Dreikäsehoch", neugierig und wissbegierig
Sehr selten ist das ein sehr junger Geliebter

♥12 Vögel
2 ältere Herrschaften oder älteres Ehepaar, können die Großeltern sein oder auch zwei gleichgeschlechtliche Personen die aber gemeinsam auftreten

♥13 Kind
(kleines) Kind bis nach der Pubertät, in der Regel eine geschlechtsneutrale Kinderkarte die auch keine Eigenschaften des Kindes zeigt

♥15 Bär
kann eine Amtsperson, ein Vorgesetzter oder der Chef sein, bei einer verheirateten Frau deren Herz an einem anderen Mann liegt zeigt der Bär den Ehemann, kann auch einen erheblich älteren Partner anzeigen

♥17 Störche
eine liebevolle Frau zwischen 20 und 40 Jahren, zeigt oft eine frischgebackene Mutter oder die typische Hausfrau die alle versorgt, manchmal auch die schon erwachsene Tochter

♥18 Hund
Freund/in, Bekannte/r, manchmal aber auch der Ehemann wenn die Ehe mehr Freundschaft oder platonisch ist, kann allerdings auch den „Freund" im Sinne von Beziehung zeigen

♥21 Berg
Chef, Vorgesetzter, Mensch der einem Schwierigkeiten macht, ist nur sehr selten eine Personenkarte, kann also vernachlässigt werden

♥22 Wege
Frau bis maximal 40 Jahre

♥24 Herz
Kinderkarte für ein sehr herzliches, liebevolles, verschmustes Kind, eher ruhig und schüchtern, nur in seltenen Fällen ein Mann bis 40 Jahre somit zu vernachlässigen

♥28 Herr
Hauptpersonenkarte für den männlichen Fragesteller, für eine Frau der Mann der ihrem Herzen am nächsten ist, Ehemann oder Partner

♥29 Dame
Hauptpersonenkarte für die weibliche Fragestellerin, für einen Mann die Frau die seinem Herzen am nächsten ist, Ehefrau oder Partnerin

♥30 Lilie
ein vornehmer, angenehmer, gepflegter Mann mit guten Manieren, der typische

Anzugträger im Beruf, kann auch der Mann sein mit dem man Kinder hat aber keine Partnerschaft mehr führt

♥34 Fische
materiell orientierter Mann, der Mann mit Geld und gutem Job, edel und doch sehr gefühlvoll, auch ein Mann der mit Psychologie oder Spiritualität zu tun hat wobei der Hauptjob damit nichts zu tun haben muss

Treffpunkte/Örtlichkeiten

Dieses Kapitel hilft dir vor allem beim großen Legesystem wenn du beispielsweise wissen möchtest, wo du dich mit deinem Wunschpartner treffen wirst oder wo dir Mr. Right über den Weg läuft.

Arztpraxis	Haus & Turm & Anker
Bahnhof	Haus & Reiter & Turm
Bank	Turm & Fische
Flughafen	Turm & Störche
Hafen	Fische & Schiff
Kindergarten	Haus & Kind & Park
Kino	Haus & Park & Sonne
Kleines Café	Haus & Park & Blumen
Post	Turm & Brief
Restaurant	Haus & Park & Lilie
Schule	Haus & Turm & Buch
Schwimmbad	Park & Fische
Sporthalle	Haus & Park & Reiter
Theater	Haus & Park & Blumen & Sonne
Tierheim	Haus & Hund
Verein	Haus & Ring & Lilie
Wald	Klee & Baum

Haus & Park oder Reiter
Treffen in einer privaten Wohnung, das kann die eigene sein oder die des Partners.

Kleine Hilfe zum Kombinieren der Karten

Anhand der Mehrdeutigkeit der Karten möchte ich dir zeigen wie du sinnvolle Kombinationen erhalten kannst. Vor allem für das große Kartenbild ist das enorm wichtig, da das Bild erst durch die Verkettung der Karten lebendig wird.

Möchtest du wissen, was der Ring und das Herz in Kombination bedeuten, nimmst du die Aussagen beider Karten und verbindest sie zu einer sinnvollen Aussage.

Deutung Herz: Liebe, Gefühl, Herzlichkeit, Harmonie, Zuneigung
Deutung Ring: Partnerschaft, Ehe, feste Verbindung, Kreislauf

Kombination der beiden Karten als Beispiel:

- herzliche Partnerschaft/Ehe
- gefühlvolle Beziehung/Ehe
- harmonische Beziehung/Ehe
- Liebesbindung

Ein weiteres Beispiel: Störche und Ring

(Ich nehme hier als Beispiel hauptsächlich die typischen Beziehungskarten da das Buch für die Liebe gemacht ist)

Deutung Ring: Partnerschaft, Ehe, feste Verbindung, Kreislauf
Deutung Störche: Veränderung, Wandel, Bewegung, Flexibilität, Unsicherheit

Kombination der beiden Karten:

- Veränderung innerhalb einer Beziehung
- Eine Beziehung verändert sich
- Flexible Verbindung
- Unsichere Beziehung

Anders herum gedeutet kann sich auch ergeben:

- Regelmäßige Veränderung (Kreislauf)
- Immer wieder Unsicherheit (Kreislauf)

Möchtest du nun eine zeitliche Aussage zur Beziehung (Ring), sind die Störche die Zeit, der Ring die Themenkarte für die Bindung. Du darfst also nicht den Ring als Zeit nehmen.

Da die Störche als Zeit „unberechenbar" bedeuten, kannst du nicht genau voraussagen wann eine Beziehung entsteht, weil unberechenbar nun mal unberechenbar bleibt.

Hast du aber eine Zeitkarte mit genauer Aussage, wie den Baum beim Ring, kannst du sagen, dass die Beziehung in etwa 7- 12 Monaten bestehen wird, auf jeden Fall innerhalb 12 Monaten.

Übe das Kombinieren ein wenig, indem du einfach 2 Karten ziehst und versuchst, sie zu verbinden.

Die wichtigen Kombinationen für die Liebe, die du auf jeden Fall kennen solltest, findest du weiter hinten im Buch. Diese solltest du aus dem Schlaf kennen, alle anderen kannst du intuitiv oder über Technik kombinieren.

Anleitung zum großen Blatt

♥ Zuerst mischst du die Karten wie du es gewohnt bist. Wenn du fertig bist brauchst du keinen Fächer zu machen. Lege stattdessen die Karten nach folgendem Schema aus.

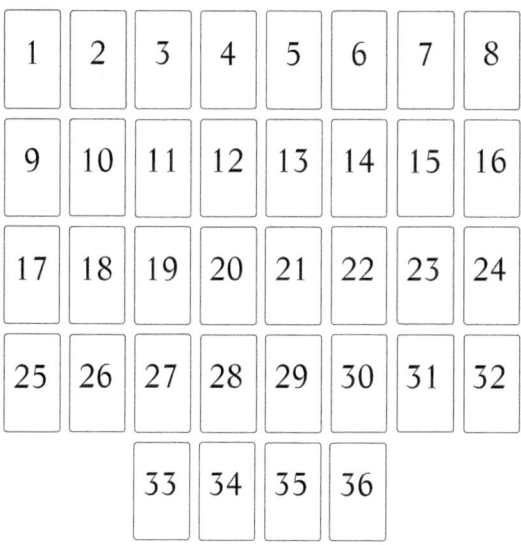

♥ Die wichtigste Karte, die du anschauen solltest, ist die erste. Sie ist die Überschrift der Legung. Da du bereits weißt wie du die Karten kombinieren kannst, nimm nun alle Eckkarten und deute sie untereinander. Du darfst immer 2 Karten kombinieren, am Ende sollten aber alle 4 Karten einen Zusammenhang ergeben. Jetzt hast du einen ersten Hinweis, was dir das Bild vor dir sagen will, eben so, wie die Überschrift einen Textes.

♥ Wie dir bestimmt schon aufgefallen ist, gibt es im Spiel eine Dame und einen Herrn. Das sind die Karten Nummer 28 und 29. Suche die beiden nun in deiner Auslage. Bist du eine Frau, zeigt die Dame dich selbst, bist du ein Mann zeigt die Dame deine Partnerin oder Wunschpartnerin. Bist du ein Mann zeigt der Herr dich selbst. Bist du eine Frau zeigt die Karte deinen Partner oder Wunschpartner. Bei allen anderen Karten gilt die Deutung aus dem ersten Teil die du bereits kennen solltest.

♥ Jede der Karten hat eine Blickrichtung. In meinen Karten schaut die Dame nach links, der Herr hingegen nach rechts. Das kann auf deinen Karten andersherum sein, je nach dem welches der vielen Kartendecks du verwendest. Sieh dir an, ob die beiden sich anschauen und ob sie auf einer Linie liegen, das heißt waagerecht, senkrecht oder diagonal zueinander. Sollte das der Fall sein, ist es ein gutes Zeichen. Schauen sie einander nicht an, habe sie sich nichts (mehr) zu sagen oder sie sind nicht zusammen. Bei langjährigen Partnerschaften hat man sich oft auseinandergelebt. Liegen sie aber trotzdem auf einer Linie, sieht es schon besser aus. In diesem Fall haben die beiden einen Draht zueinander, etwas verbindet sie.
Je nachdem wo eine Person liegt, geht es ihr entweder gut oder schlecht. In der unteren Hälfte ist das Befinden eher schlecht in der oberen Hälfte gut.
Wenn du eine der Personen über der anderen findest, versucht die Person oben die darunter zu beherrschen oder einfach in eine bestimmte Richtung zu zwängen. Er hat sie sozusagen „im Griff".

♥ Grundsätzlich, auch für Deutungen die nichts mit Beziehungen zu tun haben, findest du die Zukunft einer Person dort wo sie hinschaut. Schaut die Person nach rechts, liegt auch rechts von ihr die Zukunft. Im Rücken findest du die Vergangenheit. Über und unter ihr und um sie herum findest du die Gegenwart. Alle diagonalen Linien von der Person ausgehend sind Einflüsse. Dort können andere Personen zu finden sein oder auch Geschehnisse. Auch hier gilt vor der Person sind die zukünftigen Einflüsse, hinter ihr die vergangenen Einflüsse. Die Diagonalen unter ihr sind jedoch oft unbewusst, das heißt, sie weiß nicht dass sie davon beeinflusst wird.

♥ Möchtest du den Charakter einer Person deuten, nimmst du die 8 Karten die direkt um sie herum liegen, sozusagen einen Kreis um sie herum bilden. In diesem „Kreis" findest du auch die aktuellen Geschehnisse und alles, was momentan so um sie herum passiert.

♥ Die Gedanken einer Person findest du in den 3 Karten über ihr.

♥ Findest du eine der Personen am Rand, und womöglich schaut sie aus dem Kartenbild heraus ist das nicht weiter schlimm. Für die Partnerschaft, wie du später sehen wirst, sind andere Karten wichtiger.

♥ Wenn eine Person in der Ecke liegt und ins Bild hereinschaut, möchte sie nur beobachten aber nicht handeln. Schaut sie aber gleichzeitig aus dem Bild heraus, hat sie kein Interesse am Geschehen. In Beziehungsangelegenheiten zeigt dies oft fehlendes Interesse des anderen.

♥ Nun suchst du die Schnittpunkte der beiden Hauptpersonen, denn sie zeigen die aktuellen Hauptpunkte der beiden Personen. Wie sie zueinander stehen und was es zur aktuellen Situation zu sagen gibt. Dazu habe ich dir eine Grafik vorbereitet. Die Schnittpunkte kannst du dir wie in der Mathematik vorstellen. Du kannst die Schnittpunkte der Diagonalen oder auch die Schnittpunkte der waagerechten und senkrechten Linien hernehmen. Nimm aber niemals die Schnittpunkte einer waagerechten oder senkrechten Linie mit einer Diagonalen.

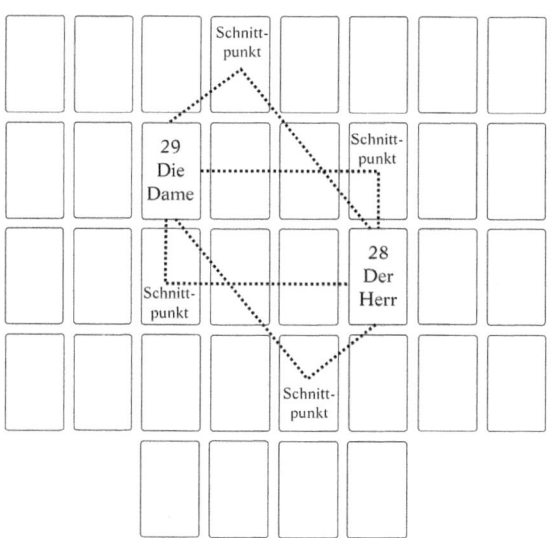

♥ Um herauszufinden wie sich die Zukunft zwischen beiden entwickelt, darfst du alle Karten zwischen den beiden anschauen. Manchmal findest du dort auch Teile aus der Vergangenheit oder Gegenwart, vor allem wenn diese Teile für die Zukunft wichtig sind. Auch dazu habe ich dir eine Grafik vorbereitet, da diese Thematik in Worten nicht so einfach zu erklären ist.

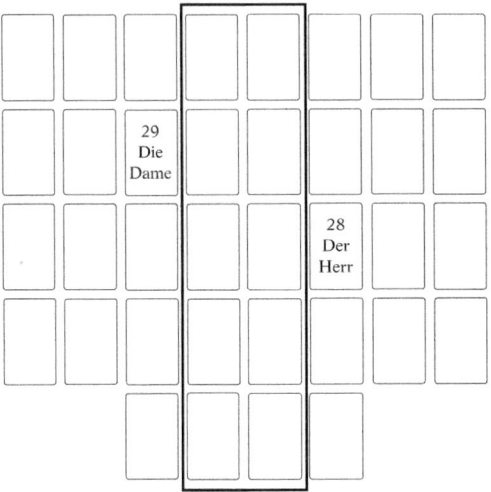

♥ Nun schaust du dir die letzten 4 Karten ganz unten an. Dort findest du einen Hinweis was sich die nächsten 4 – 6 Wochen ergeben wird. Diese 4 Karten sind also Zukunftskarten und sie gelten für den Fragesteller der Legung.

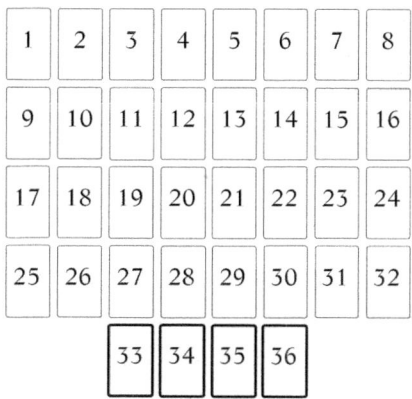

♥ In den mittleren 4 Karten, ich habe dir dazu wieder eine Grafik angefügt, findest du die allgemeine Zukunftstendenz für die Liebe nach der gefragt wurde. Bist du Single gilt es für dich allgemein im Bereich Liebe für die Zukunft. Findest du dort eine Männer-Karte kannst du davon ausgehen, dass dieser Mann für eine Beziehung mit dir interessant sein wird.

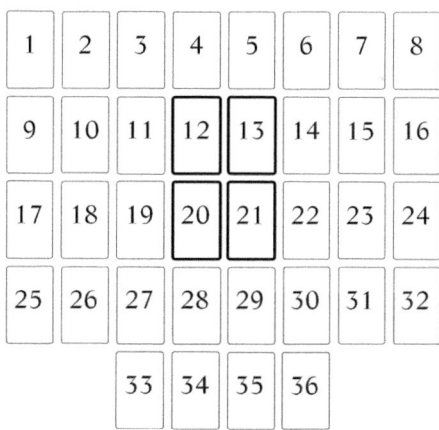

♥ Angenommen du bist eine Frau und vor dir in der Zukunft (Blickrichtung) liegt eine Männerkarte wie zum Beispiel die Fische. Dieser Mann wird in Zukunft auf dich zukommen. Du musst aber aufpassen, wenn bei diesem Mann auf der Linie noch eine weitere männliche Personenkarte liegt, auch in deiner Vergangenheit, kommt ein Mann wieder auf dich zu den du schon kennst. Da es ein wenig schwer zu erklären ist, habe ich dir wieder eine Grafik vorbereitet. Dasselbe gilt übrigens wenn um eine Männerkarte weitere Männerkarten zu finden sind. Hier handelt es sich immer um den gleichen Mann.

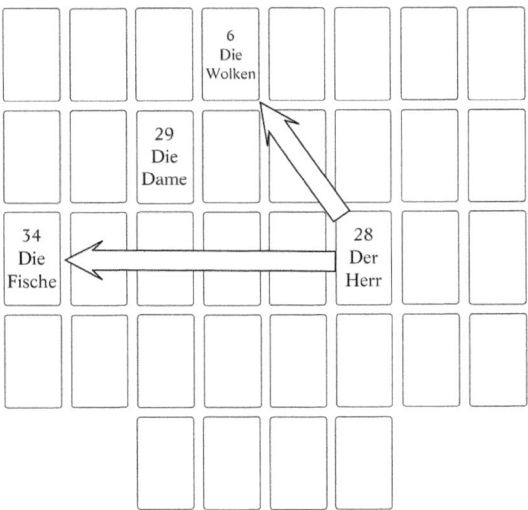

In dieser Grafik siehst du den Herrn, die Wolken und die Fische. Alle 3 Männerkarten zeigen denselben Mann. Man sieht, dass er in der Vergangenheit der Dame zum ersten Mal auftaucht. Dann wird er, auch in der Vergangenheit, zum Ex-Partner (Wolken). Jedoch kommt er in der Zukunft wieder auf die Dame zu, und zwar in Form der Fische. Verwechsle also nie die Personen indem du einen neuen Mann deutest.

♥ Die wichtigen Karten für Liebe und Partnerschaft sind der Ring und das Herz. Diese nennt man Sachkarten weil sie eine Sache zeigen. So ist der Anker die Hauptkarte für den Beruf. Merke dir folgendes: Die Karten direkt bei der Sachkarte, also die 8 Karten um sie herum, zeigen wie es aktuell in dem entsprechenden Bereich aussieht. Bei Sachkarten findest du rechts die Zukunft und links die Vergangenheit. Möchtest du also gezielt etwas wissen zum Bereich Beziehung, schaue auf der waagerechten Linie nach links, vom Ring aus gesehen, und du siehst die Vergangenheit, schaue auf der waagerechten Linie nach rechts, vom Ring aus gesehen, und du siehst die Zukunft.

Wichtige Kombinationen zur Vorsicht

Sarg + Berg

♥ Liegt sie zwischen den beiden Personenkarten sind die Fronten total verhärtet. Hier geht (meist) gar nichts mehr, die beiden wollen voneinander nichts mehr wissen

♥ Liegt die Kombination im Kopfbereich (Gedanken) einer Person geht diese davon aus, dass es „aus und vorbei" ist.

♥ Liegt die Kombination unter einer Personenkarte hat diese, wenn auch unbewusst, den Schlussstrich gezogen.

♥ Liegt die Kombination vor einer Personenkarte, wird diese in Zukunft in eine unangenehme Situation geraten. Eventuell wird sie eine Beziehung beenden.

♥ In dem mittleren 4 Karten liegend gibt es langfristig wenig Chance für die befragte Beziehung. Momentan mag alles in Ordnung sein, doch das könnte sich ändern.

Ruten + Sense

♥ Zwischen den beiden Personenkarten ein Hinweis auf Wut und Aggression zwischen den beiden. In seltenen Fällen können hiermit auch Handgreiflichkeiten gemeint sein.

♥ Vor einer Personenkarte ein Hinweis, dass die betreffende Person in Zukunft sehr wütend oder aggressiv reagiert.

♥ Unter einer Personenkarte ein Hinweis auf unterdrückte Wut/Aggression dieser Person. Die „kocht" sozusagen innerlich.

Sarg + Ruten + Mäuse

♥ Liegt die Kombination bei einer Personenkarte bereut diese ihr Verhalten und eine Handlung die nicht angemessen war.

♥ Liegt sie zwischen den beiden Partnern bereuen sie ihr Verhalten dem anderen gegenüber. Das sieht man oft, wenn es zuvor Streit gab und man nun sauer auf den anderen ist.

Berg + Turm + Ring

♥ Totale Trennung ohne Chance auf Rückkehr. Hier ist es wichtig zu schauen wo diese Kombination zu finden ist und ob eventuell eine andere Personenkarte zu sehen ist. Ist einer der Partner verheiratet ist das ein eindeutiger Hinweis auf die Trennung zum Ehepartner.

Fuchs + Ring, Herz oder Person

♥ Hier sind Lügen oder Betrug im Spiel. Das gilt immer in Bezug auf die Karte die der Fuchs anschaut. Schaut er eine Person an ist das immer eine Warnung!

Fuchs + Wege + Berg + Ring oder Turm

♥ Diese Kombination sieht man oft wenn einer der beiden Partner noch verheiratet oder gebunden ist. Diese und sehr ähnliche Kombinationen deuten immer auf eine verschleppte Entscheidung hin. Der gebundene Partner verspricht die Trennung, nur wird es wohl bei diesem Versprechen bleiben und es geschieht nichts.

Sense + Ring

Die Sense muss mit der Schneide Richtung Ring zeigen. Das gilt auch waagerecht, senkrecht oder diagonal.

♥ Das ist eine Trennung auf Zeit. Achtung, mit dem Anker oder Schlüssel beim Ring ein deutlicher Hinweis auf zeitliche Trennung innerhalb einer Ehe. Das Gemeine an dieser Kombination: es genügt wenn die Sense auf der Linie liegt und Richtung Ring zeigt, sie muss nicht direkt beim Ring liegen. Liegt also die Sense ganz rechts und der Ring ganz links, gilt die Kombination trotzdem und die Karten dazwischen zeigen den Grund der zeitlichen Trennung, manchmal auch wie man sie verhindern kann. Liegt allerdings noch der Turm beim Ring, wird die Trennung endgültig werden.

Turm + Ring

♥ Das ist eine Trennung oder Scheidung. Auch hier gilt: wenn die beiden Karten auf einer Linie liegen, also senkrecht, diagonal oder waagerecht. Findest du Karten dazwischen zeigen sie den Grund der Trennung/Scheidung oder manchmal auch wie man sie verhindern kann. Liegt der Berg noch beim Ring oder Turm wird es eine definitive und endgültig Trennung die fast nicht zu verhindern ist.

Fuchs + Lilie (womöglich noch mit dem Herz)

♥ Hinweis auf eine Affäre wenn der Fuchs die Lilie anschaut, vor allem wenn noch eine gegengeschlechtliche Personenkarte dabei zu finden ist. Fuchs und Lilie alleine sind eine vage Vermutung wenn nicht das Herz oder eine Personenkarte dabei zu finden ist. Also mit etwas Vorsicht deuten.

Sarg & Brief

♥ In den meisten Fällen handelt es sich um eine negative Nachricht. Wartest du allerdings auf eine Zusage wirst du mit diesen beiden Karten eher eine Absage erhalten.

Park & Kreuz

♥ Hier handelt es sich um ein Schicksalstreffen, egal in welcher Reihenfolge du die Karten findest. Das gilt auch wenn eine Karte über der anderen liegt oder die Karten diagonal direkt beieinander liegen. Der Reiter mit dem Kreuz kann übrigens das gleiche zeigen.

Blumen & Park

♥ Einerseits ist damit eine Einladung gemeint, aber es kann auch ein überraschendes Treffen geben. Mit dem Kreuz dabei spielt das Schicksal eine große Rolle. Vielleicht gehst du an einen Ort, den du sonst eher nicht besuchst, und triffst dort deinen neuen Partner.

Blumen & Vögel (oder Reiter, Brief)

♥ Überraschende Meldung oder Botschaft. Je nachdem welche Nachrichtenkarte bei den Blumen liegt, kann sie mündlich oder schriftlich sein.

Sense & Park
Park & Kreuz
Park & Mäuse

♥ Alle diese Kombinationen zeigen, dass ein Treffen nicht stattfinden wird oder nicht stattgefunden hat. Möglicherweise ist einer verhindert und erscheint nicht am geplanten Treffpunkt oder es kommt gar nicht erst zu einer Verabredung. Dasselbe gilt übrigens, wenn du anstelle des Parks den Reiter findest.

Sense & Vögel, Reiter oder Brief
Vögel, Reiter oder Brief & Mäuse
Sarg & Vögel, Reiter oder Brief

♥ Es kommt keine Nachricht, man meldet sich nicht mehr. Der Kontakt ist wie abgeschnitten vor allem wenn die Sense dabei liegt.

Berg & Reiter, Brief oder Vögel

♥ Eine Nachricht kommt mit Verzögerung oder gar über Umwege. Hier könnte es sich um eine andere Person handeln die es verzögert.

Schlüssel

♥ Befindest ihr euch oder auch du dich in einer schwierigen Lage, kannst du im großen Blatt den Schlüssel suchen und dir die 8 Karten um den Schlüssel anschauen. Dort liegt oft die Lösung. Scheint dir die Lösung schwierig erreichbar, schaue, was du zwischen deiner Personenkarte und dem Schlüssel findest. So weißt du, wie du zu dieser Lösung kommen kannst, beziehungsweise wie du sie erreichen kannst.
Liegt der Schlüssel aber direkt bei deiner Personenkarte, hast du die Lösung bereits gefunden. Vielleicht ist dir das nur noch nicht bewusst geworden.

Typische Fragen an das große Blatt und wo du die Antworten findest

Hier habe ich dir eine Hilfe für die häufigsten Fragen aufgeschrieben die in meinen Beratung gestellt wurden. Natürlich kann ich nur die Kurzform und das Wichtigste mitgeben. Es gibt so viele verschiedene Kartenbilder und du solltest dich trotz meiner Anweisungen nicht total darauf verlassen. Deute trotzdem das Bild, auch wenn meine Punkte nicht zutreffen. Das ist die einzige Möglichkeit den Fehler zu finden, warum es so ist und an was es liegt.

Das Kartenbild ist eine Momentaufnahme und sobald sich in der befragten Sache etwas ändert sieht das Bild geringfügig anders aus. Spiele also mit dem Möglichkeiten. Auch wenn das Bild dir jetzt im Moment nicht den gewünschten Partner verspricht, gibt es einen Grund. Vielleicht kommt einfach ein neuer Mensch in dein Leben mit dem sich eine Beziehung wesentlich besser gestaltet. Gebe also auf keinen Fall auf, versuche lieber etwas zu ändern und versuche es noch einmal. Du solltest nun aber nicht, ohne Änderung der Sachlage, neu legen nur weil dir das Bild nicht gefällt und du nicht bekommen kannst was du dir vorstellst. Die erste Legung gilt, solange bis sich etwas an der Sachlage verändert. Und das Bild gilt bis zu 12 Monate!

Kommt er/sie zurück zu mir?

Hierzu suchst du den Ring. Dieser sollte zwischen den beiden liegen und im besten Fall keine andere Personenkarte dabei zu finden sein, denn sonst besteht die Gefahr, dass bereits eine neue Partnerschaft entstanden ist oder der Partner Interesse an einer anderen Person in Bezug auf eine Beziehung hat. Das verringert natürlich die Chance dass es wieder zusammen geht. Sollte der Ring nicht zwischen den beiden liegen, müssen sie sich anschauen und im besten Fall sollten das Kind und der Sarg beim Ring zu finden sein. Diese Kombination darf auch in den Ecken liegen. Es gibt noch die Möglichkeit, dass der Ring an einem der Schnittpunkte liegt. Dann erhöht sich die Chance gewaltig, dass es wieder zu einer Beziehung kommt. Wenn das nicht der Fall ist sieht es eher schlecht für eine Beziehung aus. Prüfe in dem Fall nochmals im kleinen System nach.

Da nicht nur der Ring zählt sondern auch das Herz müssen wir uns auch anschauen wie und wo das Herz liegt. Zwischen den beiden ohne andere

Personenkarte ein sehr gutes Zeichen. Liegt es nicht zwischen den beiden, muss der Partner eine senkrechte, waagerechte oder diagonale Verbindung zum Herz haben im besten Fall sollte er das Herz auch anschauen (Blickrichtung). Trifft eine der beiden Möglichkeiten zu, ist auf jeden Fall Liebe im Spiel und eine Beziehung, wenn es auch etwas länger dauert, noch möglich.

Bin ich nur Affäre oder feste Beziehung?

Findest du im Kartenbild die Kombination Lilie + Herz + Fuchs ist es definitiv nur eine Affäre. Liegt die Kombination zwischen den beiden wird es auch dabei bleiben. Liegt aber zwischen den beiden der Ring, ist die Chance sehr hoch, dass sich daraus eine feste Beziehung entwickelt. Findest du aber keine Anzeichen für eine Affäre und der Ring ist Schnittpunkt, liegt zwischen den beiden oder in den Ecken, hat diese Beziehung mit einer Affäre nichts zu tun. Interessant ist bei dieser Frage auch, wie der Fuchs liegt. Schaut er die Personenkarte des Partners an oder auch das Herz ist das kein gutes Zeichen.

Was empfindet er/sie für mich, bzw. liebt er/sie mich?

Wenn das Herz zwischen den beiden liegt, im besten Fall ohne störende negative Karten ja! Wenn das Herz mit positiven Karten in der Ecke liegt ja! Wenn der Partner das Herz anschaut und eine Linie dazu hat ja! Wenn das Herz zwar in Blickrichtung des anderen liegt aber keine Linie besteht, ist er sich nicht sicher, also eher nicht so toll. Schaue aber auch auf die Gedanken des anderen. Liegt nämlich das Herz direkt beim anderen und er schaut auch noch hinein, ist das sehr gut! Für alle diese Möglichkeiten sollte bestenfalls keine andere gegengeschlechtliche Personenkarte beim Herz zu finden sein!
Etwas Vorsicht ist aber geboten, wenn beim Herz noch der Hund zu finden ist, dann kann es sich um freundschaftliche Liebe handeln, liegt aber der Mond noch dabei oder an Stelle des Hundes ist es eine tiefe Liebe.
Jegliche andere Gefühlskarten wie zum Beispiel der Mond oder die Fische zeigen auch Gefühlsregungen, aber das muss nicht unbedingt die Liebe sein. Es kann sich auch einfach um Anziehung handeln.

Trennt er sich vom Ehepartner oder festen Partner?

Hierzu muss beim Ring der Turm zu finden sein oder über die Eckkarten miteinander verbunden sein. Dabei sollte die andere Person liegen. Es kann auch auftreten, dass zwischen dem Dritten und deinem Herzenspartner der Turm liegt, der Ring ist nicht notwendig, der Turm genügt für eine Trennung. Im besten Fall aber Turm und Ring. Du darfst auch die Schnittpunkte zwischen den beiden hernehmen. Findest du dort Ring und Turm gilt das genauso.Aufpassen musst du nur, wenn zwischen euch beiden der Ring und der Turm liegt, dann geht es bei euch beiden auseinander. Liegt zwischen euch nur der Turm, ist das Distanz, das könnte an besagtem Dritten liegen. Liegt aber der Turm und der Ring zwischen dir und deinem Herzenspartner UND zwischen dem Herzens-partner und dem Dritten wird er sich von euch beiden trennen! Liegt dein Partner in der Ecke und schaut aus dem Bild wird er nichts tun und sich vermutlich davonschleichen.

Wie geht es mit uns weiter?

Seid ihr bereits zusammen findest du erstens die Antwort in dem umliegenden Karten vom Ring und in den Karten zwischen euch. Seid ihr noch nicht zusam-men findest du die Antwort zwischen euch beiden und eventuell in den letzten 4 Karten. Wichtig ist auch ob ihr euch anschaut oder Rücken an Rücken liegt. Das ist weniger gut, zumindest gegenwärtig.

Kommen wir zusammen?

Hier gilt dasselbe wie in der ersten Frage „Kommt er/sie zurück zu mir" nur Kind und Sarg sind hinfällig. Der Sarg beim Ring mit positiven Karten zeigt immer eine Wartezeit, d.h. du musst etwas auf die Beziehung warten. Der Sarg beim Ring mit negativen Karten ist weniger gut. Deute die negativen Karten und suche das Problem. Wenn du diese Probleme aus der Welt schaffen kannst, klappt es mit einer Beziehung.

Bessert sich unsere Lage?

Die Antwort findest du auch in den Karten zwischen euch und in den Schnittpunkten. Sieht es dort gut aus und ihr könnt die dort auftretenden Probleme lösen, dann klappt es.

Ich muss mich zwischen 2 Menschen entscheiden? Für wen soll ich mich entscheiden?

Suche dazu das Herz und schauen zwischen welchen Personen es liegt. Dann tue dasselbe mit dem Ring. Dort wo diese beiden Karten am besten liegen wirst du dich hinbewegen. Auch hier gelten die Schnittpunkte. Dann vergleiche was zwischen dir und Partner 1 liegt und was zwischen dir und Partner 2 liegt. Hier siehst du mögliche zukünftige Probleme und auch die Chancen. Das Kartenbild wird dir keine Entscheidung abnehmen aber dir die aktuelle und zukünftige Lage näherbringen, und das für beide Möglichkeiten. Entscheiden kannst nur du selbst.

Meldet er/sie sich bei mir?

Dazu schaust du zwischen die beiden Personenkarten. Findest du dort den Brief, die Vögel den Reiter lautet die Antwort ja. Dann kommt ihr in Kontakt. Möchtest du wissen wann das etwa sein wird, schaue welche Zeitkarte du dort finden kannst. Der andere wird sich ebenfalls bei dir melden wenn der Brief direkt bei dir liegt und zwar direkt um deine Personenkarte. In diesem Fall kann das sogar recht schnell geschehen. Verstärkt wird das Ganze noch, wenn der Partner zu der jeweiligen Nachrichtenkarte eine Linie waagerecht, senkrecht oder diagonal hat.
Die Möglichkeit einer Meldung besteht aber auch wenn eine Nachrichtenkarte vor dem Partner liegt und zwar direkt auf der waagerechten Zukunftslinie.
ACHTUNG! Findest du zwar eine Nachrichtenkarte, aber den Sarg mit dabei, handelt es sich um eine Absage oder einfach eine negative Nachricht.

Beispiel zum großen Blatt für die Liebe

Eine Dame hat einen Mann kennengelernt und möchte nun wissen ob sich zwischen den beiden eine Beziehung entwickeln wird.

24 Das Herz	19 Der Turm	35 Der Anker	30 Die Lilie	17 Die Störche	10 Die Sense	22 Die Wege	3 Das Schiff
5 Der Baum	27 Der Brief	34 Die Fische	31 Die Sonne	16 Die Sterne	28 Der Herr	18 Der Hund	29 Die Dame
33 Der Schlüssel	9 Die Blumen	20 Der Park	26 Das Buch	7 Die Schlange	23 Die Mäuse	11 Die Ruten	15 Der Bär
4 Das Haus	36 Das Kreuz	13 Das Kind	25 Der Ring	1 Der Reiter	14 Der Fuchs	32 Der Mond	12 Die Vögel
		6 Die Wolken	21 Der Berg	8 Der Sarg	2 Der Klee		

Auf die Charakterdeutung oder allgemeine Deutung des Kartenbildes werde ich nicht eingehen, ich versuche lediglich die Frage zu beantworten.

Schauen wir uns das Bild etwas näher an, bemerken wir sofort, dass die beiden zwar auf einer Linie liegen, allerdings finden wir zwischen ihnen den Hund der für die Freundschaft oder Bekanntschaft steht. Wir finden das Herz als erste Karte allerdings mit dem Turm und dem Brief, somit werden die Gefühle wohl nicht offenbart. Diese Kombinationen liegen in der Zukunft der Dame (Blickrichtung). Das wird also auf sie zukommen. Die nicht vorhandene Nachricht wird auch definitiv von diesem Mann sein, da die Fische ihn erneut zeigen. Sie liegen auf einer Linie waagerecht mit dem Herrn in ihrer Zukunft. Schaust

135

du auf den Ring wirst du dort die Schlange sehen und zwar auf einer Linie mit dem Herrn. Das muss seine Partnerin oder sogar Ehefrau sein. Da wir auch den Berg dort finden, wird sie die Beziehung von Grund auf blockieren. Seine Gedanken (Störche & Sense & Wege) sprechen für sich, er wünscht wohl keine Veränderung, weil die Sense die Wege zerstört. Eine Entscheidung wird von seiner Seite also nicht getroffen werden, vor allem nicht in Bezug auf die Dame, da die Wege zwischen den beiden liegen. Die Ruten mit dem Mond zeigen Zweifel aufgrund der gefühlsmäßigen Basis. Es wird schon Gespräche und Diskussionen zwischen den beiden geben, das zeigen die Ruten. Darin geht es wohl um die Freundschaft, eben die Gefühle des Mondes, aber auch den Mann, der bei der Dame noch zu sehen ist. Dieser Bär könnte ihr Ehemann sein, mit den Ruten bemerkst du schnell, dass sie zwischen den Stühlen sitzt. Ihre Gedanken sind ebenfalls sehr deutlich. Sie hofft, es wird eine Entscheidung ohne ihr Zutun geben.

Diese Ehefrau scheint nicht mehr lange in seinem Leben zu sein, weil bereits gegenwärtig (unter ihm) die Mäuse auf die Frau schauen. Es scheint, sie hat auch ein Geheimnis, vermutlich funkt ihr Ex-Partner in die Beziehung (Wolken & Berg beim Ring). Da die Schlange nach links schaut wird in Zukunft wohl ein anderer Mann interessant und eine neue Beziehung wird sich ergeben (Kind & Ring). Die neue Beziehung wird sich aber auch für unsere Fragestellerin ergeben, denn der Ring mit dem Kind liegt auch in ihrer Zukunft, und zwar mit dem Sarg. Eine alte Beziehung wird also beendet und eine neue begonnen, oder aber sie startet einen Neuanfang mit ihrem Ehemann.

Um jedoch die Frage der Dame zu beantworten, müssen wir eher verneinen, da der Ring sehr schlecht im Bild liegt, und ebenfalls ist der Turm beim Herz nicht gerate positiv, denn er zeigt eher eine Trennung in der Liebe als eine feste Beziehung.
Ich weiß, dass dieses Beispiel sehr kurz gehalten ist. Das habe ich bewusst so gemacht, da bestimmt viele von euch telefonische Beratungen anbieten möchten oder eine schnelle Antwort auf ihre eigene Frage haben möchten. Dazu genügt die kurze Ausführung.

Weitere Legesysteme

Das 3er System

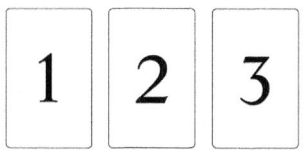

Platz 1 - Vergangenheit
Platz 2 - Gegenwart
Platz 3 - Zukunft

Der Weg

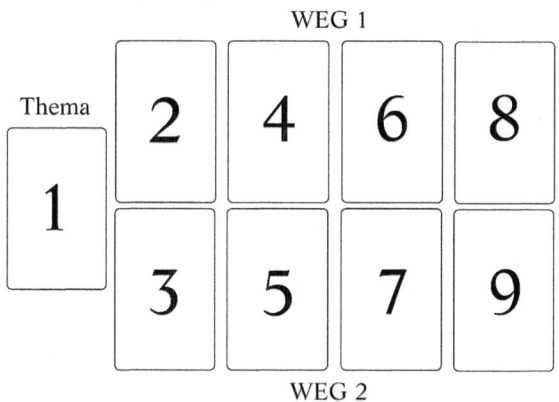

Platz 1 - aktuelles Thema; Hinweis zur Frage
Plätze 2,4,6,8 - erste Möglichkeit
Plätze 3,5,7,9 - zweite Möglichkeit

Weitere Bücher von der Autorin

Band 1 Lehrbuch der Grundkenntnisse
Der erste Band enthält alle Kartenbedeutungen, sämtliche 2er Kombinationen und mehrere Legesysteme mit Beispielen.

Band 2 Kombinationen
Hier finden Sie sämtliche Kombinationen in ausführlicher Form, auch 3er, 4er und mehr Karten, Erklärung wie die Karten sinnvoll und richtig miteinander kombiniert werden, der Leser soll lernen beliebig viele Karten sinnvoll zu kombinieren.

Band 3 Das große Blatt
Ausführliche Erläuterungen zum großen Blatt, dem interessanten Legesystem der Mlle. Lenormand. In Verbindung mit astrologischen Deutungen kann der Leser tiefer in das große Blatt eintauchen.

Band 4 Mehrere Beispiele zu allen Legesystemen
Ausführliche Beispiele zu jedem in Band 1 behandelten Legesystem mit verschiedenen Fragen, zum Beispiel Liebe, Beruf, Geld. Oder auch das wiederfinden eines verlorenen Gegenstandes.

Band 5 Übungsbuch
Ein Übungsbuch mit Rätseln und Fragen zu den Deutungen und Kombinationen. Dient zur Festigung und Überprüfung des Wissensstandes.

Über die Autorin

Alexandra Lara befasst sich seit vielen Jahren mit den Lenormand-Karten, die sie schon in jungen Jahren fasziniert haben. Durch mehrere Jahre Berufserfahrung als Kartenlegerin und Coach hat sie sich solide Kenntnisse in den Bereichen Coaching und Kartenlegen angeeignet.

Weitere Informationen finden Sie auf:

www.mlle-lenormand.com

Bei Interesse an einer persönlichen Beratung, für Übungsstunden zum Lernen oder wenn Sie Fragen haben wenden Sie sich bitte an:

lara@mlle-lenormand.com